Antoine Buéno

Faut-il une dictature verte ?

La démocratie au secours
de la planète

Flammarion

© Flammarion, 2023.
ISBN : 978-2-08-043285-8

Aux énergies fossiles, qui nous ont tout apporté.

« Tous les méfaits de la démocratie sont remédiables par davantage de démocratie. »
Alfred E. Smith

Avant-propos

Faut-il une dictature verte ? La question sonne comme une provocation. L'idée fait pourtant son chemin. L'écologisme collapsologue ou décroissantiste en appelle à des mesures autoritaires. Le plus souvent, d'ailleurs, sans même s'en rendre compte et en s'en défendant de bonne foi. Ce faisant, il prépare le terrain à l'idée que la transition environnementale devrait être imposée par la force. Ce que dénoncent violemment ses contradicteurs de droite. Le sujet flotte tellement dans l'air que, sans surprise, le climato-complotisme s'en est emparé. Une étude récente de la Fondation Jean-Jaurès a révélé que 42 % des interrogés pensent que « les élites ont pour projet d'instaurer une dictature climatique [1] ».

Alors, pas de suspense inutile : le présent essai répond par la négative à la question. Non, il ne

---

1. https://www.jean-jaures.org/publication/dictature-climatique-pass-climat-great-reset-les-discours-complotistes-a-lassaut-de-lopinion/

faut pas une dictature verte pour mettre en œuvre la transition. Au contraire, il faut mettre en œuvre la transition pour éviter qu'une telle éventualité ne se concrétise. Mais nous ne parviendrons à cette conclusion qu'après avoir sérieusement envisagé l'hypothèse autoritaire. Le parti pris de ce livre est d'éviter tout interdit éthique, de se demander froidement, sans a priori politique, si oui ou non une dictature pourrait apporter une solution à la crise environnementale. En posant le problème ainsi, on s'aperçoit vite qu'il dépasse de loin la seule question de la démocratie. Il fait embarquer pour une traversée qui embrasse l'ensemble des obstacles auxquels se heurte aujourd'hui la transition. Ce faisant, le présent essai constitue en quelque sorte la suite de mon précédent. Voici comment j'y suis arrivé.

Lorsque j'ai écrit *L'effondrement (du monde) n'aura (probablement) pas lieu*, j'ai souvent eu l'impression d'avoir un livre de retard. Dans les médias ou les débats auxquels j'ai pu participer m'étaient fréquemment posées des questions du type : comment mettre en œuvre la transition environnementale d'un point de vue politique ? Comment cette transition peut-elle être juste et donc ne pas matraquer les plus pauvres ? Qu'est-ce que cette transition va changer dans nos vies ? Autant de sujets dont je ne parlais pas dans mon livre d'alors. Ma problématique était « seulement » de savoir ce que nous pouvions faire pour éviter l'effondrement, c'est-à-dire l'arrêt du système industriel mondial dans les décennies à venir. Ma réponse était que, théoriquement, deux voies semblaient s'offrir à nous pour éviter une catastrophe écologique qui condamnerait notre civilisation et tout ou partie de l'humanité : celle de la décroissance et celle de la croissance durable. Je tâchais de démontrer qu'en réalité la première était illusoire et que seule la voie de la croissance durable était envisageable. Je m'employais enfin à décrire la transition conduisant à une croissance durable, une triple transition, en fait – énergétique, agricole et industrielle –, inévitablement accompagnée d'innovations technologiques ainsi que d'efforts de sobriété et d'un encadrement des règles du marché. Mais cet essai ne préjugeait en rien de notre capacité politique, économique ou sociale à mettre en œuvre une telle transition.

D'un point de vue écologique, le monde actuel se fonde sur une fiction : celle selon laquelle la transition environnementale est possible. Je le reconnais, c'était aussi le présupposé de mon dernier livre. Cela n'a pourtant rien d'une évidence. Cela relève même un peu de la pensée magique. Car, chaque jour, l'inaction des gouvernements et l'impuissance des COP[1] semblent démontrer le contraire ! La question aurait donc eu toute sa

---

1. Conférences des Parties, les réunions internationales sur le climat et la biodiversité.

place dans *L'effondrement (du monde) n'aura (probablement) pas lieu*. L'idée que la transition ne peut être mise en œuvre est l'un des arguments massue avancés par les collapsologues, ceux qui croient à l'inéluctabilité de l'effondrement de notre civilisation. Selon eux, le monde est si complexe et si court-termiste qu'il ne peut être réformé.

C'est tout le problème de ce que l'on appelle « les verrous systémiques ». Le terme est barbare, mais l'idée est simple. À tous les niveaux, il y a des verrous qui bloquent la transition. Les États n'agissent pas parce que leur priorité est la croissance économique et qu'ils servent des intérêts clientélistes. Les entreprises n'agissent pas parce que leur priorité est de faire du profit. Les individus n'agissent pas parce qu'ils n'en ont pas les moyens et que l'action est contraignante. En un mot, personne ne gouvernant le monde et personne ne voyant plus loin que son intérêt immédiat, la transition ne peut avoir lieu.

Les verrous sont à n'en pas douter multiples et puissants : politiques, économiques, sociaux, psychologiques. Peut-on les faire sauter ? Peut-on déverrouiller le système mondial ? C'est à cette question que nous tenterons de répondre ici en proposant une théorie qui vaudra également stratégie de déverrouillage pour transformer l'actuelle transition timide et tâtonnante en cercle vertueux de verdissement.

Avec une pointe d'ironie, nous l'appellerons la stratégie du « ruissellement écologique [1] ». Elle part d'un principe et d'une hypothèse. Le principe est qu'il faut une locomotive à la transition et que seuls les pays développés sont en mesure de jouer ce rôle. On ne peut en effet pas raisonnablement attendre cela des pays émergents dont la priorité reste le développement, que ce dernier soit décarboné ou non. Les entreprises n'ont bien sûr pas non plus vocation à être des leaders de la transition. Elles pourront l'accompagner, mais à partir du moment où l'impulsion leur sera imposée. La société civile, dont font partie les ONG, peut quant à elle déclencher l'action, mais pas la mener. Les pays développés doivent donc conduire la transition. Ils ont d'ailleurs déjà commencé à le faire. Mais de manière très insuffisante. Comment en faire de véritables fers de lance de la transition ? C'est là que l'on en arrive à la question de la dictature verte.

Le rapport entre écologie et démocratie est un tabou de la problématique environnementale. Il est de bon ton de dénoncer l'autoritarisme des écologistes et le caractère liberticide de l'écologie. Mais si l'écologisme paraît menacer la démocratie, la

---

1. L'ironie vient de la référence à la « théorie du ruissellement », thèse politico-économique, jamais vérifiée, en vertu de laquelle alléger les impôts des riches permettrait un « ruissellement » de leur richesse sur l'ensemble de la société. L'analogie avec l'écologie est développée au chapitre VI.

question symétrique est rarement posée : la démocratie actuelle peut-elle faire face à la crise environnementale ? Est-elle toujours adaptée à l'époque du réchauffement climatique et de l'épuisement des ressources ? La crise environnementale ne la rend-elle pas obsolète ? En un mot, retour à l'intitulé, ne faudrait-il pas une bonne vieille dictature pour verdir le monde ? L'hypothèse du présent livre est inverse : seule la vraie démocratie, la démocratie directe, sauvera la planète. Symétriquement et contre-intuitivement, la crise environnementale pourrait être la chance de cette vraie démocratie.

Voici donc comment fonctionnerait le ruissellement écologique : l'activisme écologiste pourrait conduire les gouvernants des pays développés à prendre les mesures écologiques qui s'imposent ou à les faire adopter via des mécanismes de démocratie directe. Ces mesures s'articuleraient en quatre volets : arrimage des règles du libre-échange aux objectifs de décarbonation, pilotage des prix du carbone et de l'eau à la hausse, instauration d'un compte carbone individuel et soutien redistributif aux pays les plus pauvres et aux ménages les plus modestes.

Ces mesures auraient un effet d'entraînement déterminant sur l'ensemble des acteurs du système économique mondial. Premièrement sur les pays émergents, que le verdissement des règles du commerce international obligerait à décarboner pour assurer leur développement. Deuxièmement sur les entreprises dont le modèle économique devrait s'adapter à une raréfaction de l'énergie. Le compte carbone devrait enfin avoir un effet radical sur le mode de vie des individus. À partir d'un mouvement populaire d'opinion occidental (l'activisme vert), il y aurait déverrouillage du système global et ruissellement de la transition sur le monde entier.

Reste à savoir si une telle transformation, même menée démocratiquement, ne mènera pas concrètement à une société liberticide. Donc une dictature verte de facto. Cette crainte est infondée car le système mis en œuvre pour décarboner n'a aucune raison, en lui-même, de porter atteinte à l'essentiel des droits et libertés. Ses implications économiques promettant en revanche d'être plus problématiques. Car la transition aura forcément un impact dépressif sur la croissance mondiale. Mais elle provoquera une réduction des inégalités à la fois à l'échelle du globe et au sein des sociétés. Et elle s'accompagnera de bénéfices économiques et sociaux, tels que l'essor de nouveaux emplois et de modes de vie meilleurs pour la santé, susceptibles de compenser, au moins partiellement, son impact dépressif. Enfin, en sauvegardant et en stimulant la dynamique du progrès scientifique et technologique, elle pourrait nous permettre d'accéder, en quelques décennies, à une nouvelle ère de prospérité.

Bienvenue dans un monde en transition.

Première partie

Pourquoi nous n'agissons pas : le problème de la démocratie ?

Depuis plus de cinquante ans et la sortie du rapport Meadows sur les limites de la croissance [1], qui eut l'effet d'une bombe, l'alerte environnementale se fait toujours plus pressante et nous semblons ne pas l'entendre. Depuis plus de trente ans en particulier, les rapports du GIEC s'accumulent pour renseigner toujours davantage le danger que représente le réchauffement climatique pour l'humanité et l'ensemble du vivant, mais les émissions anthropiques de gaz à effet de serre continuent inexorablement de croître. Face à ce constat, la question qui agite aujourd'hui nombre d'esprits est tout simplement : pourquoi ? Comme toujours pour régler un problème social, la tentation est grande de désigner un ou plusieurs boucs émissaires (chapitre 1). Mais le réflexe du bouc

---

1. Dennis et Donella Meadows, Jorgen Randers, *Halte à la croissance ? Rapport du Club de Rome présenté par Janine Delaunay*, Fayard, 1972.

émissaire est comme toujours stérile. D'autant plus qu'ici il nie l'évidence.

L'évidence, c'est que si nous n'agissons pas comme nous le devrions face à la crise écologique, c'est tout simplement parce que cela n'a rien de facile. La transition environnementale est sans doute le plus grand défi que l'humanité ait jamais eu à relever collectivement. La réaliser est extrêmement difficile sur le plan technique (chapitre 2) et, par voie de conséquence, sur les plans politique, social et économique (chapitre 3). L'action environnementale est une énorme contrainte à laquelle personne n'a un intérêt immédiat. Ce qu'en termes techno on appelle les verrous systémiques. Parmi ces verrous, le plus tabou est sans doute celui de la démocratie. Le système électoral actuel de la représentation empêche de prendre les mesures écologiques qui s'imposent.

I

L'impasse des boucs émissaires

Face à la crise et l'inaction climatiques fleurissent aujourd'hui les mises en accusation. La désignation de boucs émissaires poursuit un triple objectif : identifier la cause de la pollution, la confondre avec la cause de l'inaction et, par là même, y remédier. Si nous polluons et n'agissons pas, c'est la faute à, c'est la faute de. Les candidats au statut de boucs émissaires écologiques commencent à être nombreux : mecs, vieux, riches, multinationales, etc. L'épouvantail est plus ou moins pertinent, tout comme l'argumentaire qui le désigne. L'idée sous-jacente est qu'isoler le coupable permettrait de le « traiter » pour que tout rentre dans l'ordre. Malheureusement, cette approche du problème ne permet pas d'expliquer les causes de la crise climatique et encore moins d'accoucher d'un plan crédible de réduction de l'empreinte environnementale de l'humanité.

Bouc émissaire 1 : la bêtise et le déni, ou l'erreur *Don't Look Up*

À sa sortie sur Netflix en 2021, le film *Don't Look Up* a fait un carton. Son pitch : deux scientifiques (Leonardo DiCaprio et Jennifer Lawrence) découvrent qu'une météorite est sur le point d'anéantir la Terre. Ils tentent alors d'alerter le monde et se heurtent à la bêtise d'une humanité incapable d'appréhender la gravité apocalyptique de la situation. Un film jubilatoire tant il croque magistralement les travers de l'Amérique et, plus globalement, de notre époque. Mais c'est aussi et surtout un film sur le réchauffement climatique. Car, tous les commentateurs l'ont remarqué, la météorite en est une métaphore. Le personnage de Leonardo DiCaprio aurait d'ailleurs été inspiré du climatologue américain Michael E. Mann, directeur du Earth System Science Center de l'université de Pennsylvanie.

Que nous dit *Don't Look Up* sur le réchauffement climatique ? Tout simplement que nous sommes trop stupides pour en mesurer la gravité et agir en conséquence. La présidente des États-Unis (Meryl Streep) ne pense qu'aux élections du *mid-term*. Les médias ne pensent qu'à l'Audimat. Le personnage incarnant la Silicon Valley, à ses profits et ses joujoux high-tech. Et le reste des gens, aux *gossips people*. Tout le monde sait. Mais personne ne veut voir. Pour ne pas sortir du *business as usual*. Le problème du réchauffement climatique, c'est donc notre bêtise. Qui principalement nous porte au déni (le sous-titre du film est d'ailleurs « déni cosmique »), mais aussi à la cupidité (sans vouloir rien divulgâcher aux quelques-uns d'entre vous qui ne l'auraient pas encore vu, elle joue un rôle clef dans l'intrigue). Le message véhiculé par le film est aussi que, a contrario, il suffirait d'affronter le problème pour le résoudre. En l'occurrence, il suffit d'envoyer à la météorite quelques bonnes bombes atomiques pour la détourner ou la détruire. C'est là que l'on touche aux limites de la métaphore. Pour se débarrasser d'une comète, on peut appuyer sur un bouton. Mais il n'existe pas de bouton équivalent pour se débarrasser du réchauffement climatique. Et c'est en cela que le film véhicule un message faux sur le réchauffement.

La question du réchauffement climatique ne peut pas être réduite à un problème de déni. Deux raisons à cela. La première est que nous ne sommes plus vraiment dans le déni. Certes, une grande partie de l'humanité ignore encore sans doute tout de la menace climatique. Certes, il y a encore des climato-sceptiques et de puissants lobbies fossiles. Mais l'évangélisation climatique a aussi considérablement progressé. Plus aucun dirigeant d'envergure dans le monde, qu'il s'agisse de chefs d'État ou de capitaines d'industrie, ne peut ignorer le phénomène. Au sein même des populations, la prise de conscience est assez avancée. C'est le cas au moins en Occident, c'est-à-dire dans les pays les plus émetteurs de gaz à effet de serre. Ce dont témoigne la montée en puissance de l'éco-anxiété, de la collapsologie et du survivalisme. Autant de phénomènes qui prouvent que de plus en plus de gens savent et ne minimisent pas. L'autre raison fondamentale pour laquelle la question du réchauffement climatique ne peut pas être réduite à un problème de déni est que même le regarder en face n'y change rien. Ce n'est pas par déni que l'automobiliste rural prend sa voiture à essence le matin. C'est souvent parce qu'il n'a pas le choix, même s'il sait que c'est mauvais pour le climat. Ce n'est pas par déni que l'Allemand utilise de l'électricité au charbon, c'est parce qu'il a besoin de lumière et de chauffage. Ce n'est pas par déni que le gouvernement n'interdit pas les engrais, c'est pour ne pas tuer l'agriculture. Ce n'est pas par déni que les entreprises continuent d'émettre du carbone, c'est parce que leur activité en dépend. *We do look up*. Mais, en l'absence de solution aussi simple que celle permettant de détourner un astéroïde, cela ne rafraîchit pas la planète.

Face à cette inertie, on a pu avancer que le problème ne serait pas d'ordre psychologique (le déni est un phénomène psychologique), mais carrément de nature physiologique.

Bouc émissaire 2 : Le cerveau

Nous savons et nous ne minimisons pas. Mais nous n'agissons pas parce que nous en sommes biologiquement, plus précisément neurologiquement, incapables. Telle est la thèse de Sébastien Bohler dans *Le Bug humain*[1]. Une thèse qui a reçu un large écho de la part des médias et du public. Et qui a même été adoubée par Jean-Marc Jancovici dans son best-seller *Le Monde sans fin*[2].

Le bug humain se loge dans notre cerveau. Un organe qui, selon Bohler, dysfonctionne en nous poussant naturellement à une fuite en avant de surconsommation, de surproduction, de surexploitation, de suralimentation, etc. Le responsable de cette fuite en avant est le *striatum*, une structure subcorticale qui commanderait au cortex l'assouvissement continuel et exponentiel de cinq besoins fondamentaux : manger, copuler, dominer les autres, acquérir de l'information et restreindre ses efforts. Le *striatum* ne pourrait pas s'autolimiter, mais pourrait être bridé par le cortex. Or, la société de consommation actuelle, entièrement tournée vers le plaisir et l'assouvissement immédiat du moindre désir, annihilerait cette capacité, laissant le *striatum* donner libre cours à ses caprices sans aucun frein. D'où, aujourd'hui, l'obésité endémique, l'explosion du porno, l'usage frénétique des réseaux sociaux à la fois pour y acquérir un statut social et se gaver d'informations, et enfin la sédentarisation pathologique des modes de vie

---

[1] Sébastien Bohler, *Le Bug humain*, Pocket, 2020.
[2] Christophe Blain, Jean-Marc Jancovici, *Le Monde sans fin*, Dargaud, 2021.

(recherche du moindre effort). D'où aussi, bien sûr, la crise environnementale et notre incapacité à l'enrayer.

Alors, que faire ? D'aucuns pourraient naturellement penser que, si le problème est neurologique, la solution devrait l'être également. Que donc le remède au réchauffement climatique pourrait tout simplement être un médicament. Une drogue capable d'éteindre chimiquement notre *striatum* en attendant de pouvoir le castrer génétiquement. Ce n'est bien sûr pas ce que propose Bohler. Il entrevoit deux solutions. Il constate premièrement que le *striatum* est plastique et peut donc être conditionné à aimer des choses positives pour la collectivité et le long terme. Il faut donc éduquer pour le canaliser. Deuxièmement, Bohler prône un retour du cortex dans le jeu pour limiter le *striatum*, en particulier via « la méditation en pleine conscience ».

Éduquer et méditer pour réduire notre empreinte écologique… Ne souriez pas… La thèse de Bohler ressemble bien à la montagne qui accouche d'une souris. En fait, elle ne peut pas être d'une grande utilité pour la transition. Car de deux choses l'une : soit il y a un véritable déterminisme biologique, et la solution est biologique, soit il n'y en a pas, et l'approche biologique n'apporte pas grand-chose. Or, il n'y a pas de déterminisme biologique. Le livre de Bohler a suscité sur ce thème une levée de boucliers de la part de spécialistes des neurosciences qui dénoncent une thèse « sans fondement scientifique [1] ». L'absence de « fonction stop » du *striatum* serait une pure invention de Bohler. De plus, « le *striatum* autocrate, dont nous serions l'esclave » est un « neuromythe ». Le *striatum* ne contrôle pas le cortex [2]. Le docteur en neurodéveloppement Thibault Gardette explique que la prise de décision est un phénomène neurobiologique complexe, un mécanisme de coopération entre diverses structures du cerveau et même du corps humain dans son ensemble. Et ces structures ne sont elles-mêmes pas univoques. Le plus fort, c'est que Bohler lui-même l'admet en soulignant la plasticité du *striatum*, et donc la possibilité d'en retourner l'action, de même qu'en rappelant la capacité du cortex à contrecarrer les injonctions du *striatum*. C'est grâce à ces facultés que l'éducation et les interdits sociaux qu'il prône en matière environnementale peuvent porter. Aucun réflexe supposé biologiquement déterminé ne résiste à la force des règles sociales. C'est particulièrement flagrant en matière de rapport à l'environnement. Alors que notre espèce, *Sapiens*, a le même cerveau, donc le

---

1. Étienne Coutureau, Jean-Michel Hupé, Sébastien Lemerle, Jérémie Naudé, Emmanuel Procyk, *Pourquoi détruit-on la planète ? Les dangers des explications pseudo-neuroscientifiques*, Le Monde, 7 juillet 2022.
2. *La Faute à notre cerveau, vraiment ? Les erreurs du* Bug humain *de S. Bohler*, Thibault Gardette, bonpote.com, 28 octobre 2020.

même *striatum*, depuis des dizaines de milliers d'années, tous les comportements vis-à-vis de la Nature ont pu être observés au fil des âges. *In fine*, ce que dit Bohler est que nous avons choisi un modèle de société qui hypertrophie notre *striatum*. La solution est donc de changer de modèle de société. Ce qui constitue justement l'enjeu de la transition environnementale. Tout ça pour ça. Par-delà la curiosité intellectuelle que représente la thèse du bug humain, le détour par la neurologie pour faire face à la crise écologique s'évère en pratique facultatif…

Il faut donc se tourner vers les structures d'aliénation sociales pour trouver de meilleurs boucs-émissaires.

Bouc émissaire 3 : les « mecs »

Quel est le dénominateur commun au colonialisme, au capitalisme prédateur et à la crise écologique ? Le « mec », évidemment. Le patriarcat, plus précisément. C'est la thèse de l'inénarrable Sandrine Rousseau, dont la cote médiatique a popularisé la notion d'androcène, par opposition à celle d'anthropocène. De *andros*, « l'homme » en grec au sens de « mâle », et non *anthropos*, « l'homme » en grec au sens d'« humanité ». Notre époque n'est pas celle de la domination de l'humanité tout entière sur la Terre, mais de la domination du mâle, ou plutôt de certains mâles humains, sur l'ensemble du vivant, humain et non humain. Les gaz à effet de serre sont un déchet de la phallocratie. La preuve, conduire un gros SUV et allumer un barbecue sont des signes extérieurs de virilité. La barbaque et les 4 × 4, deux des plus gros symboles de la civilisation du carbone, sont des trucs de « mecs ». Donc, pour décarboner, et dépolluer plus globalement, il faut déviriliser le monde, déconstruire le mâle et mettre à bas le patriarcat.

Que dire de tout cela ? Surtout quand on est soi-même un mâle (heureusement peut-être déjà en partie déconstruit, puisque n'ayant jamais conduit de SUV ni allumé de barbecue…). D'abord, la proposition de l'androcène repose sur un bien étrange pari. Celui en vertu duquel un monde de femmes (ou dirigé par des femmes et des hommes féminisés) n'exploiterait pas (ou beaucoup moins) d'énergies fossiles. Il faut là faire un rappel important : sur le plan strictement énergétique, il n'y a rien de mieux que les énergies fossiles ! Elles sont extrêmement concentrées, stables donc stockables et transportables et quasi gratuites. Pour élever le niveau de vie de l'humanité, il était rationnel d'exploiter les énergies fossiles. N'importe quel être intelligent, homme ou femme, l'aurait fait. D'ailleurs, les femmes comme les hommes jouissent de denrées alimentaires produites massivement grâce aux énergies fossiles ; les femmes comme les hommes jouissent des progrès de l'hygiène et de la médecine que l'on doit aux énergies fossiles ; les femmes et les hommes utilisent les mêmes moyens de transport carbonés, etc. Sauf bien sûr à considérer qu'un monde matriarcal n'aurait pas conduit à la révolution industrielle et au développement. C'est un énorme présupposé que rien ne permet d'étayer. Et, quoi qu'il en soit, c'est un présupposé qui renvoie plutôt à la différence entre « sociétés froides » et « sociétés chaudes », pour reprendre la phraséologie de Claude Lévi-Strauss, plutôt qu'à l'opposition entre matriarcat et patriarcat. Les sociétés traditionnelles, dites froides, le plus souvent patriarcales, n'émettaient pas de gaz à effet de serre. Nos sociétés « chaudes », fondées sur la notion de progrès, ont commencé à le faire à la fin du XVIIIe siècle. Une société matriarcale est-elle déterminée à demeurer froide ? Là encore, on n'en sait rien. Et la question ne nous est d'aucun secours pour faire face à l'actuelle problématique environnementale.

Ensuite, pour l'époque actuelle, la proposition de l'androcène postule un lien entre domination masculine et émissions de gaz à effet de serre (GES). Or, ce lien ne repose sur aucune donnée scientifique. Il se fonde sur un amalgame monumental : homme = colonialisme = racisme = capitalisme = pollution. Il faudrait donc considérer que, puisque le mâle est responsable de toute l'organisation sociale, il est aussi responsable de toute la pollution. Instinctivement, on sent que cela n'est pas des plus satisfaisants... Comment évaluer plus précisément la part imputable au patriarcat dans le réchauffement climatique ? La méthode la plus pertinente est de rechercher s'il existe une corrélation entre statut de la femme et émissions de CO_2 par habitant d'un pays à l'autre. Et là, grosse déception pour Sandrine Rousseau puisqu'il n'y en a pas. Certes, les pays du Golfe (Qatar, Koweït, Arabie saoudite), où la femme n'a aucun droit, sont bien les plus gros émetteurs de carbone du monde. Mais ils sont immédiatement suivis par les pays développés, où la condition féminine est autrement plus enviable. Et un pays comme l'Afghanistan, régi par l'abominable dictature patriarcale des Talibans, émet peu de GES par habitant... C'est une évidence, le niveau d'émissions ne dépend pas de la condition féminine, mais du niveau de développement. Plus grave encore pour la théorie de l'androcène, on peut se demander si le lien entre énergies fossiles et domination masculine n'est pas exactement l'inverse de celui postulé par l'écoféminisme. Autrement dit, si ce n'est pas grâce aux énergies fossiles que les femmes ont pu se libérer au XXe siècle. Telle est l'idée avancée par Véra Nikolski, l'auteur de *Féminicène*[1]. Selon elle, c'est plus précisément grâce au développement, lui-même permis par les énergies fossiles depuis la révolution industrielle, que la révolution

---

1. Véra Nikolski, *Féminicène*, Fayard, 2023.

féministe a pu avoir lieu. Le capitalisme et l'industrie, propulsés par le charbon, puis le pétrole et le gaz, ont libéré l'humanité de l'essentiel des tâches physiquement pénibles. Ce faisant, ils ont relégué la force physique au second plan des qualités requises pour travailler, permettant aux femmes de pleinement investir le champ de l'emploi rémunéré. De plus et surtout, les progrès médicaux (spécifiquement le triptyque désinfection, vaccination, antibiotiques) ont libéré les femmes de l'esclavage qu'a constitué l'enfantement depuis les origines de l'humanité. Ils ont très largement distendu le lien entre féminité et procréation, n'assignant plus les femmes à cette seule tâche. L'émancipation des femmes serait donc un sous-produit du charbon et du pétrole. Ce que Nikolski résume dans la notion de « féminicène », parfait contrepoint au concept d'androcène. Selon cette grille de lecture, loin d'être une garantie de féminisation du monde, la sortie des fossiles pourrait même menacer la condition des femmes. Mais tout ceci reste encore théorique.

Le seul moyen d'établir concrètement un lien entre genre et empreinte environnementale, en particulier empreinte carbone, consiste à comparer les comportements des hommes et des femmes au sein de populations homogènes. Comme par exemple au sein des populations des pays développés. Effectuant une synthèse de la littérature scientifique parue sur le sujet, Oriane Wegner, chercheuse à la Banque de France, constate effectivement une disparité entre hommes et femmes sur la question du changement climatique [1]. Parce que les choix des hommes et des femmes en termes de modes de transport, de régime alimentaire ou de types de loisirs diffèrent sensiblement, le genre fait partie des variables susceptibles d'expliquer les disparités d'émissions au sein d'une population donnée. Mais ce constat doit être doublement relativisé. Premièrement, les différences d'émissions de gaz à effet de serre observées entre hommes et femmes, sans être négligeables, ne sont pas massives. Ainsi, en Suède, un homme célibataire émet en moyenne 16 % de carbone de plus qu'une femme célibataire. De plus, la chercheuse souligne bien que le genre est l'un des critères de différenciation des comportements parmi d'autres variables explicatives qui peuvent avoir autant de poids, comme l'âge ou, bien davantage, comme le niveau de revenu. Ce qui conduit à basculer des « mecs » aux vieux puis aux riches.

Bouc émissaire 4 : les vieux

D'une égérie l'autre. Ici, Greta Thunberg. Mais, pour en parler, faisons un petit détour par France Inter. Ce samedi 24 septembre 2022, Pablo Servigne est l'invité du *Grand Face-à-face* enregistré

---

1. https://blocnotesdeleco.banque-france.fr/billet-de-blog/disparites-de-genre-dans-les-comportements-et-les-consequences-associes-au-dereglement-climatique

en public. Au bout d'une heure d'émission, Servigne entonne l'éternel couplet sur l'extraordinaire mobilisation des jeunes pour le climat. Et là, patatras, une personne du public, professeure de science économique et sociale au lycée, fait remarquer que les jeunes qu'elle côtoie tous les jours ne sont pas prêts à changer leurs habitudes pour le climat [1]. Greta Thunberg serait-elle l'arbre qui cache la forêt de la jeunesse ? L'idée selon laquelle les aînés seraient à la fois responsables de la pollution et de l'inertie pour y faire face semble un beau lieu commun sans fondement. C'est ce que constate une étude réalisée pour l'Agence de l'environnement française (Ademe). Selon elle, « si les jeunes sont réellement inquiets et pénétrés de la catastrophe écologique annoncée, leurs comportements au quotidien ne sont pas bien différents de ceux des générations plus âgées [2] ». Une illustration de la fameuse « dissonance cognitive » à laquelle nous confronte la crise environnementale : nous savons, mais cela ne change rien.

---

1. À 1h12min 37 s.
2. Alina Koschmieder *et al.*, *Environnement : les jeunes ont de fortes inquiétudes mais leurs comportements restent consuméristes*, Crédoc, Consommation et modes de vie, n° 308, décembre 2019. Conclusions confirmées par une étude d'opinion plus récente : *Le Dialogue intergénérationnel sur l'environnement, Volet auprès des 15-25 ans, Synthèse de l'étude quantitative et qualitative*, Opinionway pour l'ADEME, mars 2023.

Pour appréhender la question du lien entre âge et pollution, deux approches sont possibles. La première est l'approche générationnelle. Celle qui oppose la génération des *boomers* (plus de 55 ans) à la *génération Z* (moins de 30 ans). C'est cette opposition qui est le plus souvent mise en scène dans les médias. Elle paraît pourtant stérile. Une étude britannique constate ainsi qu'au quotidien les plus de 55 ans sont en moyenne plus écolos que les 16-34 ans [1]. Historiquement, cette opposition générationnelle ne tient pas la route non plus. Il ne faut pas oublier que le mouvement écologique a lui-même été lancé par des *boomers*. Clairement, la mise au rancart de ces derniers ne sauvera pas la planète. L'autre manière d'interroger le lien entre âge et pollution consiste à étudier l'évolution de l'empreinte écologique des individus tout au long de leur vie. Il en ressort par exemple que l'empreinte carbone des seniors est en moyenne très supérieure à celle des enfants. Ce n'est pas une question de génération, juste d'âge. Selon ces études, les émissions de CO_2 des jeunes enfants sont faibles. Elles commencent à décoller peu avant l'âge de 10 ans, pour plafonner entre 60 et 70 ans et diminuer un peu ensuite [2]. Cette approche est indéniablement plus fondée que

---

1. « Generation G – are over-55s the greenest of us all ? », *Aviva*, 17 february 2020.
2. Emilio Zagheni, « The Leverage of Demographic Dynamics on Carbon Dioxyde Emissions: Does Age Structure Matter? », springerlink.com, 17 February 2011.

la confrontation générationnelle. Mais qu'en faire pour la transition ? Pas grand-chose, en fait, car cette augmentation des émissions avec l'âge n'est qu'un corollaire logique du soubassement fossile de notre monde. Dans ce monde, plus on consomme, plus on émet de gaz à effet de serre. Et dans la vie, en général, plus on vieillit, plus on a de moyens, plus on consomme. Dire que la pollution est fonction croissante de l'âge revient à dire que la pollution est fonction de la consommation. Le vrai déterminant n'est donc pas vraiment l'âge, mais les moyens de consommer. Ce qui soulève le problème des riches...

Bouc émissaire 5 : les riches

On entre dans le dur. Jets, yachts, golfs, évasion fiscale, survivalisme de sécession... c'est le grand débat du moment (avec la question connexe des multinationales). Les riches sont-ils responsables de la destruction de la planète en général, du réchauffement climatique en particulier ? C'est ce qu'affirme par exemple Hervé Kempf dans *Comment les riches détruisent la planète*[1]. L'affirmation corollaire étant qu'il faut interdire aux riches de polluer et réduire les inégalités pour décarboner.

Pour évaluer une telle proposition, il faut commencer par distinguer deux choses. D'une part, la

---

1. Hervé Kempf, *Comment les riches détruisent la planète*, Points Seuil, 2007.

pollution directement générée par les plus fortunés, c'est-à-dire leurs émissions de CO_2 si l'on ne se concentre que sur la question du réchauffement climatique. Et, d'autre part, la pollution indirectement générée par les inégalités de façon globale. Reprenons donc : est-ce qu'interdire aux riches d'émettre du carbone réglerait le problème des émissions ? Non. Selon le dernier rapport sur les inégalités mondiales [1], les 10 % les plus riches du monde génèrent 48 % des émissions de carbone. Si, par un coup de baguette magique, on pouvait supprimer les émissions de ces 10 %, c'est-à-dire tout de même de 800 millions de personnes, on ne réglerait donc qu'environ la moitié du problème. Pour effacer la plus grosse partie des émissions de l'humanité, il faudrait supprimer aussi les émissions des 40 % du milieu, qui émettent justement 40 % du carbone annuel. Pour régler la plus grosse partie du problème (mais pas tout le problème), soit 88 % des émissions annuelles de carbone, il faudrait donc supprimer les émissions de la moitié de l'humanité. À l'échelle du réchauffement climatique, la moitié de la planète, soit 4 milliards de personnes, doit être considérée comme riche. À moins, donc, d'avoir une conception très élargie de la notion de « riches », on ne peut pas réduire le problème des GES à celui des plus fortunés. À

---

1. Lucas Chancel *et al.*, *Rapport sur les inégalités mondiales 2022*, Seuil, World Inequality Lab, 2021.

l'échelon d'un pays comme la France, cette réalité est encore plus caricaturale puisque les inégalités y sont bien moins grandes et donc les émissions beaucoup mieux réparties. Selon l'étude de référence[1], même si les 10 % de Français les plus riches émettent plus de deux fois plus de carbone que les 10 % les plus pauvres, au total leurs émissions ne représentent que 14,5 % des celles du pays. En France, la moitié la plus riche de la population engendre 60 % des émissions. La moitié la plus pauvre en engendre donc 40 %. Dans les pays développés, la neutralité carbone sera l'affaire de tous ou ne sera celle de personne.

Mais la pollution directement produite par les riches n'est pas seule en cause. Il faut aussi se demander si les inégalités, dans leur ensemble, ne sont pas également génératrices de carbone. Par leur existence même, les riches alimenteraient indirectement le cycle vicieux de la surconsommation, du gaspillage et de la pollution. Cela, par la mécanique de « la consommation ostentatoire ». Cette thèse a pour la première fois été formulée à la fin du XIXe siècle par l'économiste américain Thorstein Veblen dans *La Théorie de la classe de loisir*[2]. Selon elle, le moteur de l'économie n'est pas la

---

1. Antonin Pottier *et al.*, « Qui émet du CO_2 ? Panorama critique des inégalités écologiques en France », *Revue de l'OFCE*, 2020/5, p. 73-132.

2. Thorstin Veblen, *La Théorie de la classe de loisir*, Gallimard, 1979.

satisfaction des besoins élémentaires, mais des rapports de rivalité entre classes. Pour le dire vulgairement, les classes sociales se « tirent la bourre » en permanence. Le seul objectif des classes supérieures est de se distinguer des classes inférieures. Le seul objectif des classes inférieures est de rattraper les classes supérieures. Ce qui se traduit par une surenchère permanente de consommation. Les très pauvres essayent de consommer autant que les pauvres, les pauvres que la classe moyenne, la classe moyenne que les riches et les riches que les hyperriches. Quant à ces derniers, il leur faut battre des records de gaspillage toujours plus délirants pour se distinguer entre eux et ne pas être rattrapés. Et ce qui est vrai au sein des sociétés l'est également entre les pays. Le développement ne serait que l'expression internationale de ce phénomène. La notion de pays en « rattrapage » est d'ailleurs éloquente à cet égard. Par effet d'imitation d'un bout à l'autre de la chaîne, l'économie ne serait qu'une gigantesque course à l'échalote, un potlatch monumental, un jeu puéril de « qui a la plus grande » conduisant à une destruction matérielle généralisée. Plus il y a d'inégalités, plus il y a de couches dans la société, plus l'émulation est grande. L'attitude de la classe la plus élevée, celle que Veblen appelle la classe de loisir, est déterminante. C'est elle qui donne le *la* pour toute la société puisque c'est elle qui détermine le rythme et l'ampleur de la fuite en avant. Limiter les moyens de cette classe et les redistribuer pour restreindre les inégalités globales contiendrait mécaniquement le phénomène. Pour notre problématique climatique, cela signifierait que réduire les inégalités internationales et sociales réduirait de facto les émissions de GES.

Le monde est-il régi par l'effet Veblen, c'est-à-dire par la dynamique de la consommation ostentatoire ? Pour répondre à cette question, nous pouvons commencer par nous interroger sur notre propre cas : veux-je le dernier iPhone parce que mon supérieur hiérarchique l'a ? Sans vous mentir à vous-mêmes, quelles sont les choses que vous désirez par compétition avec de plus riches ou plus puissants que vous ? Le libre penseur américain Henry Louis Mencken critiquait la théorie de Veblen en ces termes : « Est-ce que j'apprécie de prendre un bon bain parce que je sais que John Smith ne peut pas en prendre un, ou parce que être tout propre me fait me sentir bien ? Est-ce que j'admire la *Cinquième Symphonie* de Beethoven parce qu'elle est incompréhensible pour les méthodistes ou parce que je suis un amateur de musique ? » Les perfides questions de Mencken font comprendre que, a minima, l'effet de rivalité ne peut pas être le seul ressort de la consommation. Le sociologue George Lundberg [1] a ainsi pu distinguer la consommation de masse, dite bourgeoise,

---

1. George Lundberg *et al.*, *Leisure : A Suburban Study*, Agathon Press, 1969.

aiguillonnée par le conformisme, de la consommation ostentatoire. Je veux le dernier iPhone non parce que mon supérieur hiérarchique l'a, mais parce que tout le monde l'a. Je peux aussi le vouloir parce que la pub m'en a vanté les mérites indépendamment de tout rapport à autrui.

La question est donc : quelle est la part de la consommation ostentatoire dans la consommation globale ? À notre connaissance, aucune étude économétrique ne l'a mesurée. Le phénomène a fait l'objet de mesures microéconomiques [1], puisque l'effet Veblen décrit des produits curieux dont la demande augmente avec le prix. Les produits de luxe. Mais nous n'avons pas trouvé d'étude mesurant l'effet Veblen à l'échelle d'une société. Ce que semble attester un travail gouvernemental américain récent qui propose justement une méthode pour le faire [2]. En attendant sa mesure, il paraît plus plausible de penser qu'il ne peut pas être massif. Certes, la consommation ostentatoire existe, on ne peut pas le nier, surtout pour certains biens avec lesquels il convient de s'exhiber pour marquer son statut social. Mais l'essentiel de la consommation n'obéit vraisemblablement pas à ce

---

1. Robert L. Basmann *et al.*, « A Note on Measuring Veblen's Theory of Conspicuous Consumption », *The Review of Economics and Statistics*, Vol 70, n° 3, August 1988, p. 531-535.
2. John L. Murphy, « Measuring Conspicuous Consumption », *SSRN*, 12th January 2019.

ressort. Un indice : le marché des biens de luxe pourrait représenter 380 milliards d'euros d'ici à 2025 [1]. C'est-à-dire moins de 0,4 % du PIB mondial... Cet indice est faible, il faut en convenir, à la fois parce que l'effet Veblen ne peut pas expliquer la totalité du chiffre d'affaires du luxe (il faudrait donc le minorer) et, dans l'autre sens, parce qu'il ne rend pas compte du niveau de la consommation ostentatoire dans tout le reste de l'économie (il faudrait donc le majorer). Mais il donne peut-être un ordre de grandeur et fait surtout comprendre qu'il serait très hasardeux de ne compter que sur l'effet Veblen pour décarboner.

Avançons. Si l'effet Veblen n'existe pas (ou est marginal dans la consommation mondiale), cela invalide-t-il tout lien entre réduction des inégalités et baisse des émissions carbone ? Non. Il faut distinguer deux cas de figure : celui dans lequel la redistribution est utilisée pour augmenter le revenu des plus pauvres ou des classes moyennes, et celui dans lequel la redistribution sert à financer des services publics. Dans le premier cas, répartir les richesses ne ferait que... répartir les émissions de carbone. Si les riches émettent beaucoup, c'est parce qu'ils consomment beaucoup. Si les pauvres émettent moins, c'est parce qu'ils consomment moins. Comme l'écrit Paul Magnette, « ils sont, en

---

1. https://journalduluxe.fr/fr/business/bain-marche-luxe-chiffres-2025.

quelque sorte, écolos par défaut[1] ». Mais, dans un monde de carbone, toute augmentation du pouvoir d'achat se traduit par une augmentation des émissions.

En revanche, ce n'est pas la même chose si la redistribution finance les services publics. En effet, dans ce cas de figure, redistribuer consiste à convertir du capital privé, très polluant, en services publics, beaucoup plus verts. Ça, oui, c'est intéressant. Schématiquement, convertir des jets et des SUV en trains et en bus électriques est forcément une bonne opération pour le climat. Et tenter d'évaluer dans quelles proportions permet de tutoyer la complexité de la décarbonation. À l'échelle d'un pays comme la France, le gain ne peut être que faible. Pour que les 10 % des Français les plus riches n'émettent plus que 10 % des GES de l'Hexagone, il faut leur prélever une part de revenu et/ou de patrimoine générant 4,5 % des GES Français (rappelons que les 10 % les plus riches émettent 14,5 % des GES). Or, un tel prélèvement peut s'avérer important puisque les émissions ne sont pas strictement proportionnelles aux revenus et au patrimoine. Les 10 % de Français les plus riches émettent 2,2 fois plus de GES que les 10 % les plus pauvres[2], mais, selon l'INSEE, leurs

---

1. Paul Magnette, *La Vie large, manifeste écosocialiste*, La Découverte, 2022, p. 64.
2. Antonin Pottier *et al.*, *op. cit.*, p. 87.

revenus sont 3,4 fois supérieurs [1]. L'intensité du revenu en carbone décroît. C'est encore plus flagrant avec le patrimoine. Les 10 % les plus riches émettent 2,2 fois plus de carbone que les 10 % les plus pauvres mais avec un patrimoine 205 fois plus important [2] ! Quelle quantité de revenu et de patrimoine faudra-t-il prélever aux plus riches pour réduire leurs émissions dans les proportions requises ? La question est d'autant plus problématique que l'assiette fiscale des personnes aisées est plus mobile que celle des pauvres. Plus le prélèvement sera confiscatoire, plus ils seront tentés d'aller émettre leur carbone à l'étranger. À l'autre bout de la chaîne, quand bien même cette politique réussirait et le fruit de la redistribution serait converti en services publics, il ne faut pas croire que la ponction effacerait toutes les émissions de GES. Car les services publics aussi sont émetteurs. Ils représentent environ 15 % des émissions moyennes des Français [3]. Au mieux, le gain ne serait donc que de

---

1. https://www.insee.fr/fr/statistiques/5431993#:~:text= Les%20in%C3%A9galit%C3%A9s%20de%20niveau%20 de,1%20102%20euros%20par%20mois.

2. https://www.insee.fr/fr/statistiques/1287624#:~:text= Les%2010%20%25%20de%20m%C3%A9nages%20les% 20mieux%20dot%C3%A9s%20en%20patrimoine%20poss %C3%A8dent,marqu%C3%A9es%20que%20celles%20des %20revenus.

3. Selon *Carbone 4*, les services publics représentent 1,4 tonne de CO_2 par an et par Français et la moyenne

quelques pourcents. C'est précieux, bien sûr. Mais très hypothétique, et pas à la hauteur de l'enjeu. À l'échelle mondiale, en revanche, puisque le différentiel d'émissions entre riches et pauvres est beaucoup plus marqué (et que les riches ne peuvent pas encore s'exiler sur une autre planète), le gain potentiel d'une conversion massive du capital des plus fortunés en services collectifs pourrait représenter une part non négligeable de la décarbonation mondiale. À condition de trouver un mécanisme de transfert massif à l'échelle planétaire. Avec cette problématique, on commence à se rapprocher de l'un des éléments clefs d'un véritable plan de décarbonation. À condition aussi de décarboner les services publics eux-mêmes.

Là réside l'essentiel du message à ce stade de l'analyse. Aborder le problème de la décarbonation au travers du prisme des inégalités, c'est entretenir une confusion sur l'ordre séquentiel des choses. Comme nous le verrons, la question sociale ne peut pas être traitée séparément de la question écologique. Il y a d'ailleurs consensus là-dessus. Car c'est sur le niveau de vie des plus modestes que la transition va le plus lourdement peser. Ce qui implique qu'il ne faille pas réduire les inégalités pour décarboner, mais redistribuer en décarbonant. Ce qui est bien différent.

---

des émissions individuelles françaises est de 9,9 tonnes. Voir https://www.myco2.fr/media/home/graphique-final-large.png

Si taper sur les riches n'est pas la panacée, ne peut-on pas au moins se rattraper sur leur bras armé, à savoir les multinationales ?

Bouc émissaire 6 : les multinationales et leurs lobbies

TotalEnergies est-elle bénéfique pour la planète ? Poser la question relève bien sûr de la provoc. Contrairement à ce que veut laisser accroire l'adjonction, en 2021, du mot pluriel « Energies » au nom du groupe, l'entreprise ne s'est pas convertie aux renouvelables. L'ONG Reclaim Finance indique que TotalEnergies produit aujourd'hui 447 unités d'hydrocarbures pour une unité d'énergies renouvelables. Son plan d'avenir pour les renouvelables n'est pas plus convaincant puisque l'électricité bas-carbone ne devrait représenter que 15 % de son mix énergétique en 2030 [1]. Et pour cause puisque, dans le même temps, l'entreprise va continuer de réaliser 75 % de ses investissements dans le pétrole et le gaz [2]. Cela au mépris des recommandations du Giec qui clame la nécessité de faire exactement l'inverse. Alors qu'il faudrait

---

1. Lucie Pinson, Florence de Bonnafos, *Total fait du sale ? La finance complice*, Reclaim Finance, Greenpeace, février 2021.
2. https://start.lesechos.fr/societe/economie/patrick-pouyanne-pdg-totalenergies-ne-fait-pas-de-greenwashing-1382864

que les émissions carbonées baissent dès maintenant de 3 à 4 % par an, TotalEnergies prévoit d'augmenter sa production annuelle d'hydrocarbures de 2 %. Elle investit pour cela dans ce que le *Guardian* a appelé « des bombes climatiques » ou « des bombes à carbone », des mégaprojets pétroliers et gaziers qui vont émettre chacun plus d'un milliard de tonnes de CO_2 sur l'ensemble de leur cycle de vie [1]. Deux des 24 bombes à carbone dans lesquelles le groupe a investi sont emblématiques de cette politique apocalyptique. Côté gaz, TotalEnergies a été choisie pour exploiter *North Field*, le plus grand champ de gaz naturel du monde au large du Qatar. Côté pétrole, l'entreprise est en train de développer le projet « Tilanga / Eacop » (Eats Africa Crude Oil Pipeline), consistant à créer six champs pétrolifères en Ouganda et acheminer le pétrole jusqu'au port tanzanien de Tanga via le plus grand pipeline chauffé du monde (près de 1 500 kilomètres). Une catastrophe climatique, donc. Mais aussi une catastrophe pour la biodiversité puisque l'oléoduc traversera un grand nombre d'aires naturelles protégées, parcs nationaux et réserves. Et, bien sûr, une catastrophe humaine, puisque le projet implique des dizaines de milliers d'expropriations et de déplacements de

---

1. https://www.theguardian.com/environment/ng-interactive/2022/may/11/fossil-fuel-carbon-bombs-climate-breakdown-oil-gas

personnes. TotalEnergies est une horreur écologique (et sociale).

Seulement, pour être juste, il faut élargir le propos. TotalEnergies n'est pas la seule en cause. C'est tout le secteur qui doit être mis au ban des accusés. Car les concurrents de TotalEnergies : Eni, Repsol, BP, ExxonMobil, Chevron, Shell, Gazprom, etc., ne sont pas plus vertueux. L'enquête précitée du *Guardian* révèle que, par-delà la seule TotalEnergies, ce sont 195 bombes climatiques que ces compagnies sont en train de développer [1]. Une note du think tank Carbon Tracker démontre de son côté que les stratégies de décarbonation des quinze majors du secteur ne sont pas crédibles [2]. Dans ces conditions, difficile de contredire le patron de TotalEnergies lorsqu'il affirme que, si ce n'est pas son entreprise qui prend un marché, une autre le fera. Les compagnies pétrolières et gazières sont lancées dans une concurrence suicidaire par leurs actionnaires.

Car oui, pour être juste, il faut encore élargir le propos. Il n'y aurait pas de bombes climatiques sans pression des actionnaires pour augmenter toujours plus les profits des compagnies et sans

---

1. Voir aussi : https://www.novethic.fr/actualite/environnement/climat/isr-rse/climat-total-shell-bp-exxon-les-majors-petrolieres-et-gazieres-n-ont-toujours-pas-pris-d-engagements-credibles-150787.html
2. https://carbontracker.org/oil-majors-are-gambling-on-emissions-mitigation-technologies/

partenaires pour financer leurs projets. Nous l'avons vu, les bénéfices des compagnies pétrolières et gazières ne se traduisent pas en développement des renouvelables. Où vont-ils donc ? C'est bien simple, sur ses presque 20 milliards de superprofits de 2022, TotalEnergies en a redistribué 17 à ses actionnaires [1]. En 2020, ces derniers ont d'ailleurs massivement rejeté une résolution tendant à aligner les activités du groupe avec les objectifs de l'Accord de Paris. Quant aux banques et aux fonds d'investissement, ils sont tout autant mouillés que les compagnies pétrolières dans la fuite en avant de la production d'hydrocarbures. C'est pour dénoncer cet état de fait qu'en février 2023 trente investisseurs institutionnels, coordonnés par l'ONG ShareAction, ont enjoint à de grandes banques telles que la Barclays, BNP Paribas, la Deutsche Bank ou la Société générale d'arrêter de financer les projets pétroliers et gaziers [2]. On le comprend, derrière le secteur des hydrocarbures, il y a la finance mondiale. Et, bien sûr, les États.

Effectivement, pour être juste, il faut encore et encore élargir le propos. Sans les États, il n'y aurait ni TotalEnergies, ni ses concurrents. Certes, l'État

---

1. https://www.novethic.fr/amp/actualite/economie/isr-rse/profits-records-des-petroliers-leurs-actionnaires-face-aux-contradictions-entre-climat-et-performances-financieres-151340.html
2. https://www.novethic.fr/amp/actualite/economie/isr-rse/profits-records-des-petroliers-leurs-actionnaires-face-aux-contradictions-entre-climat-et-performances-financieres-151340.html

français n'est plus actionnaire de l'entreprise depuis 1998, mais nombre d'États sont toujours, directement ou indirectement, actionnaires de majors d'hydrocarbures. Et, surtout, les bombes climatiques sont le fruit de commandes nationales ! Leur exploitation est toujours validée par les États, quand elle n'est pas directement commanditée par eux. Si l'Ouganda ne voulait pas de Tilanga ou le Qatar de North Field, TotalEnergies ne pourrait rien y faire ! On ne peut pas incriminer les unes sans aussi blâmer les autres.

Enfin, pour être juste, il faut encore élargir le propos à quasiment toute l'humanité. Car si tout ce beau monde – multinationales, actionnaires, financiers, États – s'évertue à extraire et brûler du gaz et du pétrole coûte que coûte, ce n'est pas pour le plaisir de faire fondre les calottes polaires et monter les océans. C'est parce que cela rapporte. Et cela rapporte parce que l'humanité tout entière en a besoin ! Faut-il le rappeler, aujourd'hui, sans gaz et sans pétrole, le monde s'arrête !

C'est là que l'on touche pleinement aux limites de l'accusation des multinationales. Il y en a deux. Premièrement, se concentrer sur elles, c'est se concentrer sur l'offre d'énergies fossiles. En oubliant un peu vite la demande. L'argument exonère-t-il pour autant les multinationales de toute responsabilité ? Non, car il n'y a pas de lien univoque entre offre et demande. Historiquement, Total et les autres majors pétrolières et gazières n'ont pas fait que répondre à une demande qui leur était extérieure. Par leur lobbying et leurs offres de services tous azimuts, elles ont aussi, des décennies durant, pesé de tout leur (immense) poids pour contester le réchauffement climatique ou en relativiser la menace. Cela alors même qu'elles étaient parfaitement informées de la réalité du phénomène [1]. En un mot, les multinationales ont tout fait pour que la demande ne faiblisse pas. Ce qui justifie qu'elles soient traduites en justice, comme les cigarettiers l'ont été, et répondent devant les tribunaux de leur contribution à l'inaction passée. Mais nous sommes ici à la recherche d'un plan de transition global. Dans cette optique, impossible de faire l'impasse sur le niveau de la demande actuelle d'énergies fossiles. En constatant qu'elle résulte des insuffisances des politiques énergétiques mises en œuvre d'un bout à l'autre du globe. Soit de non-choix : si les besoins en pétrole sont toujours aussi grands, c'est parce que les États n'ont pas encore suffisamment poussé l'électrification des transports. Soit de mauvais choix : en Europe, par exemple, pour assurer la production d'électricité, il a fallu maintenir des centrales à charbon et rouvrir des centrales à gaz partout où le nucléaire a été mis en berne. En l'absence d'alternative énergétique crédible, une réduction

---

1. Geoffrey Supran *et al.*, « Assessing ExxonMobil's global warming projections », *Science*, 13 janvier 2023.

de la production gazière et pétrolière de Total-Energies and Co se traduirait immédiatement par… un essor du charbon ! C'est-à-dire la pire des énergies fossiles en termes d'émissions de CO_2…

La seconde grande limite du *Total* bashing est que, en dehors de leurs activités condamnables de lobbying, elles ne font que jouer selon les règles du jeu mondial. Faire la vierge effarouchée face à leurs profits est d'une naïveté confondante. Dégager du profit, le plus possible, est la raison d'être d'une entreprise. Une entreprise n'a pas de vocation philanthropique, encore moins écologique. Atteindre l'objectif climatique porté par l'Accord de Paris nécessite de laisser sous terre 60 % des réserves restantes de pétrole et de gaz et 90 % des réserves de charbon [1]. Les multinationales sont dans le monde comme des enfants seuls dans un magasin de bonbons à qui on demanderait de ne pas y toucher… Autre image : Total est comme un dealer. On ne va pas attendre d'un dealer qu'il participe à la lutte contre la toxicomanie. On ne peut pas demander à Pablo Escobar de devenir partenaire du ministère de la Santé. Il est utopique d'attendre des marchands de fossiles une décarbonation massive sans agir sur l'environnement économique qui les a engendrés et les porte. Nous l'avons vu, ils ne sont qu'un rouage d'un système beaucoup plus large. Ce système, c'est le capitalisme.

---

1. Dan Welsby *et al.*, « Unextractable fossil fuels in a 1.5° C world », *Nature*, 8 septembre 2021.

Bouc émissaire 7 : le capitalisme

Enfin un bouc émissaire qui ressemble à quelque chose ! C'est indéniable, la crise environnementale remet en question le capitalisme. Mais, encore une fois, procédons avec ordre et méthode. Le capitalisme est-il responsable de la crise environnementale ? C'est ce que pensent les tenants de la notion de « capitalocène [1] », par opposition à celle d'anthropocène. Rappelons que la notion d'anthropocène a été créée pour désigner l'ère géologique durant laquelle l'homme (anthropos), au sens générique du terme, est devenu la principale force écologique du monde. Les promoteurs du « capitalocène » rétorquent que ce n'est pas l'Homme, de manière indifférenciée, qui modifie les équilibres géophysiques planétaires, mais un mode de production bien précis, qui a permis la révolution industrielle : le capitalisme.

Cette vision des choses est-elle pertinente ? Non et oui. Non dans la mesure où le capitalisme peut n'être considéré que comme un instrument au service d'une idée. Cette idée, c'est celle que l'Homme doit soumettre la Nature pour améliorer sa condition. Elle était déjà formulée dans la Bible. Elle a prospéré avec le cartésianisme, le rationalisme des Lumières et le positivisme du XIXe. Elle

---

1. Jason W. Moore (dir), *Anthropocene or Capitalocene ? : Nature, History, and the Crisis of Capitalism*, PM Press, 2016.

a donné naissance au XXe siècle à deux systèmes économiques concurrents, le capitalisme et le communisme, qui, d'un point de vue écologique, n'ont rien eu à envier l'un à l'autre. Comme l'a démontré Hans Jonas, parce qu'il se fondait sur le même rapport de l'Homme au monde, le communisme s'est avéré tout aussi écocidaire que le capitalisme [1].

Mais oui, le capitalisme a tout de même une part de responsabilité particulière dans la crise environnementale. D'une part, parce qu'il s'est avéré bien plus efficace que le communisme et, d'autre part, parce que le moyen qu'il était est devenu une fin. Le marché a en effet fini par mettre la planète en coupe réglée encore plus systématiquement que ne l'avaient fait les plans quinquennaux. Et le capitalisme est très vite devenu un Moloch qui s'autoalimente. Sa dynamique court-termiste, productiviste, extractiviste, prédatrice, mène naturellement à une surenchère de destruction écologique. Comme nous l'avons vu avec les multinationales, et leurs actionnaires, et leurs financeurs et leurs commanditaires étatiques, il est parfaitement logique pour eux de continuer à exploiter les hydrocarbures puisqu'ils sont toujours rentables. Là où il y a du profit, il y a du monde pour s'en mettre dans les poches. Le monde capitaliste est autant accro à l'argent du pétrole qu'au

---

1. Hans Jonas, *Souvenirs*, II, Payot & Rivages, 2005.

pétrole lui-même. On peut même considérer que sa véritable addiction, c'est l'argent.

Quelles conclusions en tirer pour l'action climatique ? Tenons-nous enfin un bouc émissaire pertinent ? C'est là que les choses se corsent. Face à ce constat, pour avancer sur la voie étroite de la transition, il faut réfuter deux discours. Deux discours antagonistes et également faux. Deux mythes, en somme.

Le mythe libéral

Il est principalement américain et porte (heureusement) peu en Europe. Selon lui, en matière écologique, comme en toute chose, *in fine*, le marché pourvoira. C'est la version environnementale de l'allégorie de « la main invisible » du marché d'Adam Smith. Paré de toutes les vertus, le marché aurait donc aussi la main verte. Spontanément et de lui-même, il serait capable de répondre à l'urgence écologique. Il ne faut donc surtout pas le brider, surtout pas l'entraver. Dans cette optique, la croissance économique ne doit plus être perçue comme l'agent de la destruction de la Nature, mais au contraire la force qui rétablira l'équilibre. C'est ce qu'exprime le P.-D.G. de TotalEnergies quand il affirme que les profits des hydrocarbures servent à financer la transition vers les renouvelables. Nous avons vu qu'il n'en était rien… Après tout ce que nous venons d'écrire, la simple formulation de cette thèse prête à sourire…

Mais argumentons tout de même. En matière écologique comme en toute autre, le credo libéral tient en quelques mots : tout ce qui compte, c'est d'être riche. Il faut être riche pour atténuer les atteintes à l'environnement et pour s'y adapter. Côté atténuation, voici comment cela fonctionnerait. L'environnement est une préoccupation de nantis. Un luxe, en quelque sorte. La seule préoccupation des pays pauvres est de sortir de la pauvreté. Leur priorité est donc le développement. Le développement enrichit mais dégrade l'environnement. Plus un pays s'enrichit, plus la préoccupation environnementale monte en puissance au sein de sa population et plus, parallèlement, le pays en question dispose de moyens d'y répondre. Il finit donc par prendre des mesures écologiques, à commencer par des mesures d'amélioration de la qualité de l'air et de l'eau. En permettant le développement, l'économie de marché et le libre-échange seraient donc bien *in fine* les garants de la transition écologique. C'est l'équivalent écologique de ce que l'économiste Simon Kuznets avait observé concernant le rapport entre développement et inégalités. Le développement fait exploser les inégalités jusqu'à un certain niveau de richesse à partir duquel il les réduit. Inégalités et atteintes à l'environnement suivraient naturellement une courbe en cloche. Ce que les économistes Grossman et Krueger ont appelé « la courbe environnementale de Kuznets ». Que penser d'un tel raisonnement ? Qu'il est à la fois parfaitement exact et parfaitement fallacieux. Pour parvenir à cette conclusion, il faut bien distinguer deux types de pollution : la pollution sanitaire locale et la pollution géophysique globale. La pollution locale des sols, de l'air et de l'eau ne doit pas être confondue avec les menaces écosystémiques majeures. Ces dernières sont répertoriées au moyen de la notion de limites planétaires [1], neuf variables environnementales à maintenir sous un certain seuil pour ne pas mettre la planète trop gravement en danger : le réchauffement climatique, l'intégrité de la biosphère (état de la biodiversité), la perturbation des cycles biochimiques de l'azote et du phosphore, le changement d'affectation des sols, l'introduction de nouvelles entités dans l'environnement (polluants tels que substances chimiques, métaux lourds, plastiques, matières radioactives), l'utilisation de l'eau douce, l'acidification des océans, la déplétion de l'ozone stratosphérique et le taux d'aérosols atmosphériques. Or la courbe environnementale de Kuznets fonctionne pour la pollution sanitaire. C'est dans les pays développés qu'elle est le mieux combattue. C'est dans les pays en développement qu'elle explose. En revanche, on ne peut enregistrer aucune courbe environnementale de Kuznets pour la pollution écosystémique. Au contraire, ce sont ces

---

1. Johan Rockström *et al.*, « A safe operating space for humanity », *Nature*, 2009.

atteintes globales à l'environnement que le développement a engendrées. Les pays les plus riches sont les plus gros émetteurs de gaz à effet de serre. Et leur richesse repose sur une pollution importée du reste du monde. Directement ou indirectement, le dépassement des limites planétaires est principalement imputable aux pays riches. Pour l'heure, force est donc de constater qu'à l'échelle globale la main verte du marché est restée dans sa poche. Tel est aujourd'hui le véritable bilan écologique de l'économie de marché et du libre-échange.

Côté adaptation, le raisonnement libéral est encore plus oiseux. Il tient lui aussi en une phrase simple : quand on est riches, on a les moyens de faire face aux caprices de la nature. La preuve, les catastrophes météorologiques n'affectent pas du tout de la même manière les pays riches et les pays pauvres. Alors que, sauf exception, les premiers s'en tirent avec quelques dégâts vite indemnisés, les seconds déplorent des milliers de morts et des conséquences systémiques. Encore une fois, seul le marché libre, vecteur d'enrichissement, peut fournir de quoi réagir aux aléas naturels. À condition de minimiser ces aléas bien sûr. Ainsi trouve-t-on chez Ferghane Azihari cette étonnante proposition : « Les spécialistes qui font autorité estiment en effet qu'un réchauffement entre 2,5° C et 6° C réduirait le PIB mondial de 0 à 6,7 % d'ici à 2100, en sachant que notre monde sera alors trois à sept fois plus riche qu'aujourd'hui [1]... » On croit rêver. Et basculer dans le climatoscepticisme. Qui sont ces « spécialistes qui font autorité » ? Les économistes du climat, tout simplement. Les chiffres cités par Ferghane Azihari sont ceux de la dernière version du modèle DICE, élaboré par William Nordhaus, qui reçut en 2018 le prix Nobel d'économie pour ses travaux pionniers sur « l'intégration du changement climatique dans l'analyse macroéconomique de long terme ». Depuis le premier modèle de Nordhaus, au début des années 1990, les modèles d'évaluation de l'impact du réchauffement sur le PIB se sont multipliés. Tous ne donnent pas des résultats aussi dérisoires. Ainsi, un rapport de l'OCDE de 2015 projette une perte de 12 % du PIB mondial en 2100 dans son scénario central [2]. Le réseau des banques centrales Network for Greening the Financial System a pu aller jusqu'à évaluer une perte de 15 % [3]. Et le fameux rapport Stern prédisait une perte de 20 % avec un réchauffement à 3° C [4]. C'est déjà plus que les prévisions de Nordhaus. Mais, comparé aux cataclysmes annoncés par le GIEC, ça n'est toujours

---

1. Ferghane Azihari, *Les Écologistes contre la modernité*, La Cité, 2021, p. 74.
2. *The Economic Consequences of Climate Change*, OECD, 2015.
3. *NGFS climate scenarios for central banks and supervisors*, juin 2020.
4. Nicolas Stern, « The Stern Review: the Economics of Climate Change », *HM Treasury*, 30 octobre 2006.

pas grand-chose. Surtout dans la mesure où ces pertes sont calculées sur la base d'un PIB qui n'a cessé de croître au cours du siècle. Il s'agit d'un simple manque à gagner, non d'un appauvrissement. C'est bien ce qui fait dire à l'économiste Richard Tol que « le changement climatique n'est pas un problème important pour le XXIe siècle [1] ».

Pas besoin d'être Greta Thunberg pour comprendre qu'il y a un souci. Climatologues et économistes sont en total décalage. Ils ne parlent pas la même langue. Rappelons qu'à seulement 3° C d'augmentation des températures une large partie de la planète devient inhabitable une partie de l'année. Comment cela pourrait-il ne faire que ralentir la croissance ? Comme l'explique très bien Marion Cohen [2], les modèles économiques actuellement disponibles sont incapables de rendre compte correctement de l'impact du réchauffement sur l'économie. Ils souffrent d'au moins deux biais structurels. Premièrement, ils sont construits sur une hypothèque de croissance continue du PIB. Dans le monde merveilleux de Nordhaus et de ses épigones, le réchauffement ne provoque jamais de récession. Deuxièmement, comme le précisent avec prudence les travaux des banques centrales, ils ne prennent pas en compte « les

---

1. https://www.books.fr/richard-tol-le-changement-climatique-nest-pas-un-probleme-important-pour-le-xxie-siecle/
2. https://theothereconomy.com/fr/fiches/rechauffement-climatique-un-impact-negligeable-sur-la-croissance/

impacts liés aux conditions météorologiques extrêmes, à l'élévation du niveau de la mer ou aux impacts sociétaux plus larges liés aux migrations et aux conflits [1] ». Comme dans la chanson *Tout va très bien, madame la marquise*. À part tout ce qui va très mal, tout va très bien. Qui sait, c'est peut-être ce qui explique que les résultats des modèles macroéconomiques soient aux antipodes de ceux de World 3, le modèle géophysique élaboré pour le rapport *Halte à la croissance* de 1972 [2], et perfectionné depuis, qui montre un effondrement des courbes de production et de population à partir d'un certain niveau de pollution au début du XXIe siècle. Les modèles macroéconomiques climatiques sont aujourd'hui unanimement critiqués, même par des économistes [3]. Au point que les institutions qui les produisent ne les présentent plus qu'avec une grande prudence. Pour dénoncer leur ineptie avec humour, un trio d'économistes a proposé un petit voyage en absurdie [4]. Le monde

---

1. *NGFS climate scenarios for central banks and supervisors, op. cit.*, p. 30.
2. Dennis et Donella Meadows, Jorgen Randers, *op. cit.*
3. Steve Keen, *The appallingly bad neoclassical economics of climate change*, Globalizations, vol. 18, 2021, p. 1149-1177; Salvi Asefi-Najafabady *et al.*, « The failure of Integrated Assessment Models as a response to 'climate emergency' and ecological breakdown : the Emperor has no clothes », *Globalizations*, vol. 18, 2021, p. 1149-1177.
4. Marie-Noëlle Woillez, Gaël Giraud, Antoine Godin, « Economic impacts of a glacial period : a thought expe-

n'ayant pas été plus chaud de 4° C dans un passé récent, ils ont appliqué les modèles économiques à l'hypothèse d'un refroidissement de 4° C. Ce qui correspond aux températures qui prévalaient lors de la dernière période glaciaire, il y a vingt mille ans. Rappelons qu'à l'époque une large partie de l'hémisphère Nord était enfouie sous la banquise. Eh bien, à votre avis, les modèles concluent-ils à une catastrophe économique? Non, évidemment! Selon eux, même en cas de gel de l'hémisphère Nord, le PIB mondial trouverait encore le moyen de progresser de 36 % d'ici à la fin du siècle! Malheureusement, World 3 paraît bien plus pertinent que DICE. Pour son incapacité à rendre compte du phénomène le plus important du XXIe siècle, on peut parler de défaite, ou même de crise de la pensée économique. Loin d'être rassurants, les résultats des modèles économiques, par leur impuissance à appréhender l'ampleur du risque environnemental, sont des plus alarmants. Et pragmatiquement, il faut se résoudre à l'idée que l'enrichissement ne nous prémunira pas contre la catastrophe.

Faire ce constat ne doit en revanche pas inciter à basculer dans le mythe symétrique.

---

riment to assess the disconnect between econometrics and climate sciences », *Earth System Dynamics*, 2020, 11 (4), p. 1073-1087.

Le mythe de la décroissance

Le capitalisme détruit la planète. Et il n'y a rien à en attendre pour alléger notre empreinte écologique. Il faut donc en finir avec la loi du marché. Tel est le credo du mythe de la décroissance.

De fait, la crise environnementale est devenue l'espoir de l'anticapitalisme. Avec aujourd'hui un argument beaucoup plus fort que celui d'autrefois. Jadis, le slogan du marxisme était : le capitalisme, c'est l'aliénation. Appuyé sur la cause écologique, l'anticapitalisme peut maintenant clamer : le capitalisme, c'est la mort. Difficile de faire plus définitif… Ce que l'anticapitalisme a gagné d'un côté, il l'a en revanche perdu de l'autre. Car, dans l'intervalle, avec la chute du mur de Berlin, il s'est retrouvé orphelin d'idéologie. Il a donc aujourd'hui dû troquer la Révolution contre l'effondrement collapsologue. C'est la thèse du *happy collapse*[1]. L'effondrement de la civilisation thermo-industrielle, c'est-à-dire l'arrêt de l'industrie un peu partout sur le globe, est inéluctable, principalement pour des raisons écologiques. Certes, ce sera triste, puisque cela entraînera des milliards de morts. Mais nous pouvons nous y préparer en constituant des petites communautés hippies résilientes et sympas. Et une nouvelle société, plus juste, plus humaine, plus solidaire pourra émerger des ruines fumantes du capitalisme. En un slogan

---

1. Pablo Servigne, Raphaël Stevens, Gauthier Chapelle, *Une autre fin du monde est possible*, Seuil, 2018.

comme en cent, vieux comme le communisme : du passé faisons table rase.

Si l'anticapitalisme a troqué la Révolution contre l'effondrement, il a aussi remplacé le matérialisme historique marxiste par la thèse de la décroissance. En effet, il faut commencer par être très clair sur ce point : décroissance et capitalisme sont strictement incompatibles. Définir l'une et l'autre notion permet de comprendre pourquoi. Le capitalisme est un mode de production qui vise à l'accumulation du capital (moyens de production au sens large) grâce à la rencontre libre de l'offre et de la demande sur le marché, l'ensemble du processus étant rendu possible par la propriété privée du capital. De son côté, la décroissance est un objectif collectif de réduction de l'intensité énergétique et matérielle de l'économie dans son ensemble. Décroître, c'est produire et consommer globalement moins. C'est donc contrecarrer globalement la logique même du capitalisme tendant à l'accumulation du capital. Ce qui revient à l'abolir. D'ailleurs, ses partisans n'en font pas mystère. Ainsi, Timothée Parrique, le meilleur avocat actuel de la décroissance, écrit-il : « Martelons-le : depuis l'origine, le courant de pensée décroissant est fondamentalement anticapitaliste[1]. » Et Parrique de citer le penseur trotskiste John Molyneux : « Le

---

1. Timothée Parrique, *Ralentir ou périr, l'économie de la décroissance*, Seuil, 2022, p. 256.

capitalisme ne peut pas plus renoncer à la croissance qu'un crocodile ne peut devenir végétarien. » C'est rigolo. Mais ça reste abstrait. Voyons ce que cela implique concrètement.

La théorie de la décroissance est porteuse de quatre promesses, dont aucune ne semble pouvoir être tenue. La première de ces promesses, la plus évidente, est tout simplement d'être possible. Possible politiquement ? Pour l'heure, la décroissance relève de l'utopie. Aujourd'hui, personne n'en veut. Aucun pays n'est prêt à se lancer dans une réduction volontaire (et drastique) de la production et de la consommation. Aucun État ne songe à inscrire cela à son agenda. Certes, on peut dire que l'utopie d'aujourd'hui est la réalité de demain. Mais pour qu'une idée révolutionnaire devienne un fait politique, elle doit infuser dans la société. Elle doit mûrir. Cela prend du temps. À titre d'exemple, le *Manifeste du Parti communiste* date de 1848. La Révolution d'Octobre de 1917. Presque soixante-dix ans les séparent. Ce temps-là, la planète ne l'a pas. Si la décroissance est le seul moyen d'alléger notre charge écologique, c'est maintenant qu'elle doit être mise en œuvre, pas dans trente ans.

Mais passons et admettons qu'un groupe ou un parti parvienne quelque part à prendre le pouvoir pour mettre en œuvre un programme de décroissance. Cela est-il seulement possible économiquement ? Cela n'a rien d'une évidence. Il faut rappeler que la décroissance consiste à piloter une réduction de la taille et du rythme de l'économie, pas à crasher cette dernière. Parce que crasher une économie, oui, c'est possible. Et ça s'est même souvent vu. Mais piloter son dégraissage... C'est une autre paire de manches ! Pour piloter le dégraissage tout en évitant le crash, le programme de la décroissance se développerait dans deux directions : d'une part, tout faire pour restreindre la production et la consommation de biens et services marchands et, d'autre part, redistribuer massivement le fruit de la production. Ce qui supprime toute possibilité de profit pour les acteurs économiques et suppose la confiscation du patrimoine et des revenus des plus riches. Dans ces conditions, première remarque, dans un monde capitaliste, difficile de décroître seul. Autrement dit, difficile de décroître contre le reste du monde. Dans un monde ouvert comme le nôtre, un pays qui se lancerait dans une telle aventure verrait immédiatement tous ses capitaux mobiles et ses riches fuir. Inversement, il ne recevrait plus aucun investissement extérieur et ne pourrait plus emprunter sur les marchés internationaux. Car on ne prête pas à un pays qui interdit le profit, pas plus qu'on n'y investit. La seule annonce de la décroissance conduirait à un rétrécissement et un délitement immédiats du tissu économique. Le pays concerné perdrait les moyens de financer les importations dont il aurait besoin. Il se retrouverait vite en situation d'autarcie, économiquement coupé du reste du monde, et devrait organiser son autosuffisance. C'est impossible pour les petits pays qui dépendent, entre autres, de ressources énergétiques ou alimentaires extérieures. Et on sait que même les grands pays bien dotés en ressources naturelles ont du mal à assurer leur autosuffisance. Même dans de très grands pays, s'étendant à des échelles continentales et bien dotés en ressources, tels que les États-Unis ou la Chine, difficile d'éviter le crash économique.

Mais passons et admettons que, par un coup de baguette magique, le monde entier se convertisse dès demain et du jour au lendemain à la décroissance, comment décroître sans s'effondrer ? Là encore, ça n'est pas simple. Schématiquement, deux approches seraient envisageables. Une approche sectorielle ou une approche transversale. L'approche sectorielle consisterait à supprimer certaines productions (donc aussi certaines consommations) ciblées. Interdiction des couverts jetables, des SUV, des véhicules thermiques, des vêtements de luxe, des jets privés, etc. Le problème de cette approche est que l'économie est une hydre. Coupez une tête d'un côté (une activité), il en naîtra une autre ailleurs. Les capitaux et les personnes employés dans les secteurs de production interdits n'auraient d'autre choix que de s'allouer ailleurs. Ce qui produirait une nouvelle croissance dans d'autres secteurs de l'économie. Éventuellement une croissance moins carbonée, moins intensive en eau ou en matériaux, mais une croissance tout de même. Ce qui correspondrait à un effet croissance durable et non décroissance. Pour une véritable efficacité décroissante, il faudrait plutôt adopter une démarche transversale consistant à déprimer globalement toute la production et toute la consommation. Côté consommation, interdire la publicité ou les prêts à la consommation. Côté production, limiter drastiquement le temps de travail. Et pour déprimer consommation et production de conserve, rationner l'énergie et les matières premières (à commencer par l'eau). Alors oui, il pourrait y avoir décroissance pilotée. Mais comment cela ne conduirait-il pas à une paupérisation généralisée ?

C'est la deuxième promesse intenable de la décroissance : parvenir à maintenir et même accroître le niveau de vie dans une économie en rétrécissement et en ralentissement. Comment peut-on être plus riches en produisant et en consommant beaucoup moins de biens et de services ? C'est contre-intuitif. La démonstration part d'une réévaluation conceptuelle : tout dépend de ce que l'on appelle la richesse. L'indicateur aujourd'hui utilisé pour mesurer la richesse des nations et du monde, le PIB, ne mesure que les biens et services marchands. C'est-à-dire tout ce qui peut se traduire en valeur monétaire. C'est un indicateur très imparfait, il y a consensus là-dessus. Car il ne dit rien du bien-être des peuples, encore moins du vivant dans son ensemble. Schématiquement, on pourrait dire que le bien-être dépend d'un certain niveau d'aisance matérielle, de liens sociaux épanouissants et d'un environnement agréable. Le PIB ne rend compte que du premier de ces trois volets. Cette présentation schématique des sources du bien-être signifie en filigrane que l'argent ne fait pas le bonheur. Plus précisément, l'argent ne suffit pas pour être heureux. Il y contribue, certes, mais jusqu'à un certain point. C'est effectivement ce que l'on observe lorsqu'on étudie le lien entre richesse et bonheur d'un pays à l'autre. Globalement, c'est dans les pays les plus riches que les gens se disent le plus heureux. Mais on trouve de nombreux pays pauvres dont le niveau de bonheur est à peine inférieur à celui du groupe des pays riches [1]. Et on trouve dans nombre de pays pauvres des niveaux d'espérance de vie et d'éducation comparables à ceux observés dans les pays riches [2]. Trois raisons cumulatives peuvent être avancées pour expliquer cette non-linéarité entre enrichissement et niveau de vie. Primo, l'enrichissement a des rendements décroissants. Plus une population s'enrichit, plus les gains de l'enrichissement sont marginaux en termes d'amélioration du niveau de vie. Secundo, comme nous venons de le voir, l'enrichissement n'est pas le seul déterminant du niveau de vie : les structures socioculturelles, les services publics

---

1. Tim Jackson, *Prospérité sans croissance, la transition vers une économie durable*, De Boeck, 2015, p. 55.
2. *Ibid*, p. 67-69.

et l'environnement jouent également un rôle important. Tertio, on peut même aller encore plus loin en disant qu'à partir d'un certain point la quête de l'enrichissement matériel contribue non pas à améliorer le niveau de vie global, mais au contraire à le dégrader en détériorant les liens sociaux et l'environnement. Cette dernière idée s'illustre facilement : si je passe ma vie dans une salle de marché à spéculer sur la valeur des hydrocarbures, non seulement je ne ferai pas beaucoup de bien à la planète, mais je risque aussi de ne pas tisser de liens très épanouissants avec ma famille et mes amis... En un mot comme en cent, de perdre ma vie (et ma planète) à la gagner. Conclusion : à partir d'un certain niveau de richesse, arrêter de produire maximise le niveau de vie en favorisant les liens sociaux et en permettant la préservation de l'environnement. En plafonnant la production de biens et de services marchands, je fais le plein de richesse matérielle, sociale et environnementale. *Win win win.* Autrement dit, en plafonnant la production de richesse matérielle, je m'enrichis de ce qui ne s'achète pas. C'est une construction complètement abstraite, hors-sol et théorique. Mais avançons.

L'étape suivante consiste donc à déterminer le bon niveau de richesse globale à produire et assurer que tout le monde y ait accès. C'est là que les choses se gâtent vraiment. Parce que c'est impossible. Que signifie avoir assez ? Pour la nourriture, cela peut à peu près se quantifier. C'est assez de calories et des apports nutritionnels suffisamment diversifiés pour être en bonne santé. Mais au sein de chaque catégorie d'aliments, pas évident d'évaluer le volume à arrêter. Qu'est-ce que produire assez de viande, d'oranges, de riz ?... Il faut se référer à un régime type, universel, idéal et standardisé. *Quid* des préférences alimentaires ? Quant au reste, cela devient très compliqué. Qu'est-ce qu'avoir assez d'énergie, d'espace de vie, de vêtements, de meubles, de loisirs ? La question est d'autant plus absurde que cela dépend des époques et des cultures. A-t-on à un moment donné assez de médicaments ? À cette impossibilité de déterminer le bon niveau global de la production et de la consommation se surajoute l'impossibilité de la répartir. Car tout ce raisonnement repose sur deux fictions : la première, que le monde est déjà assez riche, et la seconde, que la richesse mondiale est un gros gâteau fixe dont il ne faut que partager les parts. Tout cela est bien sûr faux. D'abord, le monde n'est pas riche. En 2018, si toutes les richesses privées du monde avaient équitablement été redistribuées à chacun des 7,5 milliards d'humains peuplant la planète, chacun d'entre eux aurait reçu... 42 266 dollars [1] ! Une fortune effectivement pour la moitié de l'humanité. Mais on est loin des standards occidentaux d'aisance. Et plus il y aura de monde sur

---

1. Selon le *Global Wealth Report 2018* du Crédit Suisse, la richesse privée aurait atteint 317 000 milliards de dollars cette année-là.

Terre, plus ce chiffre sera appelé à diminuer. À richesse identique, il restera moins de 32 000 dollars par personne quand nous serons 10 milliards en 2050. Et encore, n'oublions pas que le programme de la décroissance est de diviser environ par deux le volume global des biens et services. Il faudrait donc compter avec environ 15 000 dollars par tête. 15 000 dollars de capital par personne pour avoir *assez* de nourriture, d'énergie, de logements, de services de santé, d'éducation, de loisirs, etc. ? Ce qui est vrai du patrimoine l'est également des revenus. Le revenu individuel moyen dans le monde est de presque 27 dollars par jour [1]. Ce qui signifie que si les revenus étaient répartis de manière parfaitement égale dans le monde, chaque personne devrait vivre avec 27 dollars par jour. Quand on sait que le seuil de pauvreté dans les pays développés est fixé autour de 30 dollars par jour et par personne [2], on comprend qu'un monde ayant achevé sa décroissance ne serait pas un

---

1. Selon la Banque mondiale, en 2021, le revenu net ajusté par habitant est de 9 748 dollars, soit un peu moins de 27 dollars par jour. Voir https://donnees.banquemondiale.org/indicator/NY.ADJ.NNTY.PC.CD.

2. Le seuil de pauvreté est défini comme correspondant à 50 % du revenu médian (revenu au-dessous et au-dessus duquel sont distribuées les deux moitiés d'une population). En France, par exemple, selon l'Insee, en 2019, le revenu médian était de 1 837 euros par mois, et le seuil de pauvreté autour de 30 euros par jour.

monde d'opulence. Par ailleurs, tout cela suppose bien sûr de pouvoir re-répartir le patrimoine et les revenus.

Ce qui conduit à la seconde fiction, celle du partage. Pour protéger la biosphère en améliorant le niveau global de vie de l'humanité, il faut dégonfler le mode de vie des riches (le faire passer sous le seuil d'atteinte aux limites planétaires) et augmenter celui des pauvres. Selon ce raisonnement, ce sont les pays développés qui doivent décroître, pas les pays pauvres. Ces derniers au contraire doivent s'enrichir pour atteindre le fameux seuil de suffisance. Il faut donc transférer le trop-plein des riches (leur graisse) vers les pauvres. Le problème, c'est que ce n'est pas du tout comme cela que l'économie fonctionne. Aujourd'hui, c'est même le contraire. C'est parce que les pays riches se gavent que les pays pauvres se développent. C'est tout le principe du libre-échange et du commerce international. En sens inverse, quand l'économie des pays avancés flanche, les pays en développement prennent un coup. Cela s'est d'ailleurs vérifié avec la crise sanitaire. Si les pays riches se mettaient du jour au lendemain à décroître, cela ne profiterait pas du tout aux pays pauvres. Cela les plongerait au contraire dans une terrible crise. C'est tout le gâteau de l'économie mondiale qui rétrécirait d'un coup. Même chose à l'échelle d'un pays. La solution avancée par les partisans de la décroissance pour réduire la production et la consommation en augmentant le niveau de vie est de procéder à une redistribution massive des richesses. Une redistribution qui pourrait prendre de multiples formes : revenu universel, création d'emplois publics ou parapublics, partage du temps de travail, fourniture de biens et de services gratuits, etc. Mais une redistribution si massive, surtout dans un contexte de réduction globale de l'économie, prendrait un caractère totalement confiscatoire et supprimerait toute incitation à entreprendre et produire. Une fois encore, on assisterait à une disparition immédiate de la sphère productive marchande. Une politique orchestrée de décroissance ferait intégralement disparaître le marché. Distribuer plus en produisant beaucoup moins, c'est déjà une gageure. Mais distribuer beaucoup plus en ne produisant plus du tout, ça devient de la magie. En l'absence de marché, il faudrait organiser la production autrement. Comment ? En la planifiant de A à Z. Or, l'expérience a montré que la planification, même décentralisée à l'échelon de l'entreprise, était toujours bien moins efficace que l'économie de marché. Tout simplement parce que, par définition, une économie planifiée produit à l'aveugle. Que produire et en quelles quantités ? Aujourd'hui, c'est la loi de l'offre et de la demande, matérialisée par l'indicateur du prix, qui nous l'indique. Le marché est un mode de diffusion de l'information économique. Sans marché, plus rien de tout cela. On voit mal comment la décroissance pourrait éviter les errements des économies socialistes et une paupérisation généralisée. Et, partant, comment elle pourrait aussi ne pas avoir de conséquences politiques désastreuses.

C'est la troisième promesse intenable de la décroissance : être démocratique. Historiquement, les entreprises de planification socialistes de l'économie n'ont pas été démocratiques. Il est bien évident que ce type de big-bang économique et social fait le terreau de toutes les aventures autoritaires. D'autant plus que, historiquement encore, la liberté est plutôt allée de pair avec la prospérité. Une société dont le niveau de vie chuterait aussi dramatiquement que ce qui vient d'être décrit aura tendance à l'autoritarisme. Il faut un ou des chefs pour éviter le chaos et orchestrer le rationnement. Mais il ne faut préjuger de rien. Admettons que, demain, un système de néo-soviétisme prenne la forme d'une authentique démocratie directe. Cette démocratie devrait nécessairement être dirigiste. Car le système de production planifiée qu'il lui incomberait d'organiser imposerait de placer des interdictions et des verrous d'un bout à l'autre de la chaîne de production et de la vie des individus. Quelle que soit la forme des institutions, planification et égalitarisme riment avec dirigisme. La décroissance ferait donc le malheur des hommes. Mais pour la bonne cause : pour la préservation de la planète. Vraiment ?

Nous en arrivons à la quatrième promesse de la décroissance : celle d'alléger la charge environnementale de l'humanité. Même celle-là, contrairement à toute attente, ne devrait pas pouvoir être tenue. En effet, soyons clair : aujourd'hui, la récession, c'est-à-dire le ralentissement de l'activité économique, est la seule « technologie » dont nous disposons pour restreindre nos atteintes à l'environnement. Ainsi, depuis le début du XXIe siècle, les émissions de gaz à effet de serre n'ont diminué que deux années, en 2009 et en 2020, à la faveur de crises majeures (*subprimes* et Covid). C'est le seul argument massue en faveur de la décroissance. Une réduction orchestrée de la production et de la consommation réduirait forcément et mécaniquement les pollutions diverses. Mais il faut immédiatement relativiser l'embellie écologique attendue d'un programme de décroissance. Primo, encore une fois, pour avoir un effet appréciable, la décroissance devrait être mise en œuvre à l'échelle la plus large possible. Idéalement à l'échelle mondiale. *A contrario*, l'entrée en décroissance d'un petit pays comme la France contre le reste du monde n'aurait qu'un impact écologique marginal à l'échelon global. Secundo, il faut aussi compter avec les effets politiques, économiques et sociaux susdécrits de la décroissance qui, eux, risquent d'avoir des conséquences très néfastes pour l'environnement. Nous l'avons vu, un tel programme devrait mener à une paupérisation rapide. Pour ne pas mourir de faim et améliorer leur quotidien les populations n'auront d'autre recours que de se jeter sur les ressources naturelles accessibles. La moitié environ de la déforestation tropicale est aujourd'hui causée par l'extrême pauvreté [1]. De la même manière, un programme de décroissance pourrait conduire au pillage des écosystèmes. Tertio, crasher l'économie par la décroissance expose aussi au risque d'une perte de contrôle de l'outil industriel existant. Que deviendront les centrales nucléaires dans un monde en décroissance ? Aura-t-on les moyens de les fermer dans les règles de l'art avant qu'elles n'explosent, provoquant un cataclysme environnemental ? Enfin, quarto, on peut considérer que la décroissance constituerait une erreur stratégique monumentale vis-à-vis de la transition. En effet, le programme de la décroissance correspond très exactement à celui du communisme historique, à une différence majeure près : le productivisme. La décroissance entend expurger le communisme de son productivisme pour le rendre durable. Ce faisant, elle choisit de verdir un truc qui n'a pas fonctionné (le communisme) plutôt que de verdir un truc qui fonctionne (le capitalisme). La décroissance n'est rien d'autre qu'un soviétisme *hardcore*. Un projet bien plus dur et rigoureux, radical au

---

1. Noriko Hosonuma *et al.*, *An assessment of deforestation and forest degradation drivers in developing countries*, Environmental Research Letters, décembre 2012.

sens propre du terme, que le projet communiste d'autrefois. Donc un projet capable d'éradiquer bien plus radicalement toute forme de marché que le communisme historique. Or, on ne transitionnera pas sans marché. En effet, deux leviers peuvent être actionnés pour changer les modes de production et de consommation : celui de la réglementation et celui des prix. En détruisant le marché, la décroissance ferait disparaître le levier des prix. Elle ferait entièrement reposer la transition sur la coercition réglementaire. À savoir le moins efficace des instruments de transition. La décroissance serait donc aussi néfaste à l'environnement car elle nous priverait du principal levier de verdissement du monde. Dans la suite de cet ouvrage, nous tenterons effectivement de démontrer que le jeu des prix est autrement plus puissant pour faire évoluer les comportements et que seuls les mécanismes de marché sont en mesure de déverrouiller l'ensemble du système économique. Car, plutôt que d'user de la force brute de l'interdiction, jouer sur les prix revient à faire comme au judo, c'est-à-dire essayer de retourner la force de l'adversaire. En l'occurrence, retourner la force du capitalisme au profit de la planète. Et de la force, le capitalisme a prouvé qu'il en avait... Pour entamer cette démonstration, il faut commencer par identifier ce qui grippe vraiment la transition par-delà toute logique de boucs émissaires.

II

Obstacles techniques : la transition est un Everest [1]

Se sentir obligé de rappeler un tel constat, qui relève pourtant du bon sens, fait tout drôle. Mais il le faut visiblement pour désamorcer les théories du bouc émissaire. Car toutes sous-entendent que la transition serait, en elle-même, une promenade de santé. Le volontarisme politique suffirait. C'est l'empire des « faut qu'on/y'a qu'à ». Et c'est un pur mensonge.

Nous savons certes ce qu'il faut faire pour décarboner le monde et plus globalement réduire notre empreinte environnementale. Schématiquement, le contenu de la transition peut être décliné en trois transitions en silo : une transition énergétique, une transition agricole et une transition industrielle. En un mot, faire autrement. Ces trois transitions doivent être alimentées et complétées par deux

---

1. Avis aux lecteurs de *L'effondrement (du monde) n'aura (probablement) pas lieu*, ce chapitre, qui décrit le contenu matériel de la transition, en est une synthèse actualisée.

mouvements transversaux d'efficacité et de sobriété. En un mot, faire moins. Mais rappeler le contenu de la transition permet de mesurer à quel point la tâche est démesurée.

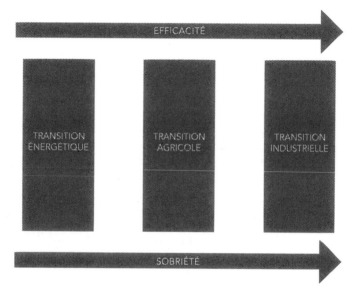

Cette transition commence cependant à être mise en œuvre. Mais encore très insuffisamment et trop lentement.

La triple transition : faire autrement

Transition énergétique

Il s'agit du plat de résistance de la décarbonation puisque l'usage énergétique du charbon, du pétrole et du gaz génère presque 60 % des émissions mondiales de gaz à effet de serre (GES) [1]. Or, en matière de transition énergétique, un élément nouveau pourrait totalement changer la donne dans les années qui viennent : l'hydrogène naturel (encore appelé hydrogène natif ou hydrogène blanc). L'hydrogène naturel pourrait vraiment rebattre les cartes de la transition énergétique. Mais comme il est encore trop tôt pour le dire, le parti pris de la présente section est de présenter les défis de la transition énergétique et ses besoins technologiques sans prendre en compte l'hydrogène naturel pour ensuite lui dédier un onglet *ad hoc*.

- Défis de la transition énergétique

Hors prise en compte de l'hydrogène naturel, il n'y a qu'une seule énergie susceptible de remplacer les fossiles : l'électricité.

En effet, théoriquement, aux côtés de l'électricité, nous pourrions aussi disposer de la biomasse (ou bioénergie). Il s'agit de l'énergie que l'on peut extraire des végétaux (bois, produits agricoles, algues) et déchets du bétail. Elle peut être brûlée

---

1. La consommation d'énergie fossile génère 81 % des émissions de CO_2, ces dernières engendrant 73 % du potentiel de réchauffement global à 100 ans, ce qui conduit à un pouvoir réchauffant des énergies fossiles de presque 60 % (59,5), le reste se répartissant entre l'agriculture (25 %) et l'industrie (15 %), à partir des chiffres de Datalab, *Chiffres clefs du climat 2022*, p. 26 et 38.

pour produire de la chaleur. Elle peut aussi être traitée pour donner du carburant liquide (biocarburant) ou du gaz (biogaz). Mais, en pratique, nous ne pourrons compter sur la biomasse que très marginalement pour décarboner. Son essor pose en effet un problème de conflit d'usage des terres : conflit avec leur usage agricole et avec l'objectif de préservation des forêts primaires. De plus, la biomasse produit trop peu d'énergie pour être autre chose qu'une solution décarbonée d'appoint. Par exemple, en 2020, alors que 12 % des récoltes mondiales ont été consacrées aux biocarburants, ces derniers ont représenté moins de 3 % de la consommation mondiale de carburants liquides. Autrement dit, même si l'on consacrait la totalité des récoltes à faire des biocarburants, ils ne pourraient remplacer qu'un quart de la consommation annuelle de pétrole. La biomasse ne pourra donc, dans le meilleur des cas, représenter plus de 10 à 15 % d'un système énergétique transitionné. Ce qui n'est pas très éloigné de sa proportion dans le mix énergétique mondial actuel [1]. La quasi-totalité de la transition devra donc reposer sur l'électrification.

Car, une fois la biomasse mise de côté, pour remplacer les fossiles, il n'y a plus guère que l'électricité. Nous avons tendance à penser le contraire

---

1. DNV, *Energy Transition Outlook 2022*, p. 100.

parce que nous confondons souvent énergie et vecteur énergétique. Explicitons cela. L'électricité décarbonée peut être produite à partir de l'énergie primaire de l'atome (énergie nucléaire), du vent (énergie éolienne), du soleil (énergie photovoltaïque), de la combustion de la matière organique (énergie thermique), de la chaleur du sous-sol (énergie géothermique), des courants marins (énergie marémotrice), des vagues (énergie houlomotrice), de la chaleur des mers (énergie thalassothermique), du mélange de l'eau salée et de l'eau douce dans les deltas des fleuves (énergie osmotique), voire du mouvement du corps humain (énergie dynamique et piézoélectrique), ou même directement de l'air (énergie enzymatique [1]). La particularité de l'électricité est qu'elle ne se stocke pas. Elle doit être utilisée tout de suite ou convertie en une autre forme d'énergie pour être conservée. Lorsqu'on parle de stockage de l'électricité, c'est de cela qu'il est question, de la conversion de l'électricité en une autre énergie. On peut distinguer cinq familles de stockage correspondant chacune à un type d'énergie dans laquelle convertir l'électricité : le stockage gravitaire (pompage d'eau dans des bassins en hauteur), le stockage thermique (pompe à

---

1. Des recherches sont en cours pour convertir les quantités infimes d'hydrogène présentes dans l'air en électricité comme le font certaines bactéries. Voir Rhys Grinter *et al.*, « Structural basis for bacterial energy extraction from atmospheric hydrogen », *Nature*, 8 mars 2023.

chaleur), le stockage gazeux (fabrication d'hydrogène), le stockage liquide (fabrication d'e-fuel ou e-carburants qui sont des carburants de synthèse) et le stockage chimique (batterie). Ainsi, on ne peut pas considérer l'hydrogène artificiellement produit avec de l'électricité comme une énergie, mais comme un vecteur énergétique. L'hydrogène fabriqué n'est que l'un des modes de stockage de l'électricité.

À moins d'une divine surprise (voir prochain onglet), l'électricité bas-carbone, directement consommée ou via tel ou tel vecteur, devrait à elle seule remplacer les fossiles. Ces derniers représentent aujourd'hui 80 % de l'énergie consommée par l'humanité. Et l'électricité non carbonée (nucléaire, hydraulique et autres renouvelables) représente actuellement 8 % de l'énergie consommée dans le monde [1]. Il faudrait donc multiplier par dix cette part pour parvenir à la neutralité carbone. Dix fois plus de barrages, d'éoliennes, de panneaux solaires, de centrales nucléaires… On commence déjà à mesurer l'ampleur de la tâche à accomplir. Mais s'il n'y avait que cela, ce serait trop facile. Car il faut encore ajouter trois paramètres à l'équation de la transition énergétique pour en appréhender vraiment la démesure.

Le premier de ces paramètres est le calendrier. Nous sommes pressés par le temps. Selon les

---

1. International Energy Agency, *World Energy Outlook 2022*, p. 47.

recommandations du Giec, pour éviter un réchauffement de plus de 2° C par rapport à l'ère préindustrielle, il faudrait atteindre la neutralité carbone (effacement ou compensation de toute émission de GES d'origine anthropique) autour de 2070. Pour cela, les émissions devraient avoir chuté de plus de 50 % en 2050.

Or, d'ici à 2050, et c'est le deuxième paramètre à prendre en compte, les besoins énergétiques de l'humanité auront augmenté. Tous les chiffres qui viennent d'être énoncés sont à consommation énergétique constante. Mais la demande mondiale d'énergie ne cesse de croître. Compte tenu des politiques de transition actuellement mises en œuvre, l'Agence internationale de l'énergie (AIE) anticipe une augmentation de plus de 30 % des besoins énergétiques d'ici à 2050 [1]. Ce qui change la donne. Dans ces conditions, même maintenir la part actuelle de la biomasse dans le mix énergétique mondial va nécessiter d'en augmenter le volume de 30 %. Et il ne faudra plus multiplier les énergies bas-carbone par dix, mais par quatorze… Quatorze fois plus de barrages, d'éoliennes, de panneaux solaires, de centrales nucléaires…

De plus, troisième paramètre additionnel, l'électrification du système énergétique va faire exploser la demande mondiale de métaux. Selon l'AIE toujours, dans un scénario de transition rapide, la

---

1. AIE, *Net Zero by 2050*, octobre 2021, p. 37.

demande énergétique augmenterait de 40 % en vingt ans pour le cuivre, de 60 à 70 % pour le nickel et le cobalt et de presque 90 % pour le lithium [1]. Compte tenu de l'ensemble des défis qu'elle doit relever, la transition énergétique ne pourra pas aboutir sans innovation technologique.

- Besoins technologiques de la transition énergétique

Trois grandes révolutions technologiques sont nécessaires à l'accompagnement de cette transition. Premièrement, pas d'essor des renouvelables sans révolution du stockage. L'un des principaux problèmes posés par l'éolien et le solaire est qu'ils sont intermittents et irréguliers. Pour pouvoir les développer massivement, il faut les doubler de systèmes capables de remédier à cette importante limite. Trois solutions doivent être combinées. La première est l'interconnexion des sources d'énergie renouvelable. Quand il n'y a pas de soleil quelque part, il peut briller ailleurs. Par ailleurs, il faut disposer d'une source d'énergie dite pilotable, comme le nucléaire, capable de produire massivement et en continu en parallèle des renouvelables. Enfin, il faut pouvoir conserver le surplus d'énergie produite et non consommée aux heures creuses pour

---

1. https://www.iea.org/reports/the-role-of-critical-minerals-in-clean-energy-transitions/executive-summary

en disposer aux heures pleines. C'est tout l'enjeu du stockage énergétique qui est aujourd'hui en pleine effervescence. Les innovations se déploient dans chacune des cinq grandes familles de stockage énergétique. La start-up Energy Vault veut révolutionner le stockage gravitaire en construisant des tours constituées de blocs de béton montés et descendus par des grues en fonction des besoins énergétiques, comme un Lego géant. En période creuse, les grues utiliseraient le surplus d'énergie non consommé pour monter les blocs ; en période pleine, elles exploiteraient l'énergie générée par leur redescente. Stockage thermique au sable de la start-up Polar Night Energy. Stockage par transformation de l'électricité en gaz avec l'essor de la filière hydrogène. Stockage liquide avec le développement d'e-carburants par des sociétés comme Engie. Enfin stockage chimique, celui des batteries, dont l'enjeu est d'améliorer leur longévité, leurs capacités de charge et de stockage et de restreindre leur dépendance aux métaux stratégiques comme le cobalt (comme celles de Tesla).

Nous l'avons vu, pas de transition énergétique non plus sans nucléaire. L'évolution technologique récente la plus notable dans le secteur concerne la taille des réacteurs. Des réacteurs trois fois plus puissants que les réacteurs historiques, les EPR[1], ont été installés ou sont en développement dans

---

1. European Pressurised Reactors.

plusieurs pays. À l'inverse, une marche à la miniaturisation est aussi à l'œuvre avec l'installation de réacteurs trois fois moins puissants que les réacteurs historiques, les SMR [1]. Tous deux seront très utiles dans la transition. Les premiers comme générateurs massifs d'électricité pilotable, les seconds pour remplacer des centrales à charbon ou permettre à des activités électro-intensives ou des localités de s'autonomiser énergétiquement. Mais, fondamentalement, la technologie des EPR et des SMR est la même que celle des réacteurs historiques. Ces réacteurs, dits de troisième génération, font aujourd'hui l'objet de recherches pour augmenter leur capacité à être alimentés en combustible MOX, c'est-à-dire à recycler des déchets nucléaires pour tendre vers une fermeture du cycle du combustible. Mais des réacteurs encore bien plus performants sont possibles. Des réacteurs dits de quatrième génération à la fois plus sûrs, beaucoup moins producteurs de déchets et consommateurs de carburant. La Communauté européenne de l'énergie atomique (Euratom) ainsi qu'une douzaine de pays dont les États-Unis, la Chine, la Russie, le Brésil ou le Japon mènent aujourd'hui des recherches conjointes pour les mettre au point. Six types de réacteurs de quatrième génération sont à l'étude. Des réacteurs qui consommeraient cent fois moins d'uranium que les réacteurs actuels. Ou

---

1. Small Modular Reactors.

même qui n'en consommeraient plus du tout, comme le réacteur à sel fondu alimenté au thorium, qui réglerait les problèmes de sécurité, puisqu'un réacteur à sel fondu ne peut pas exploser et qu'il ne peut pas s'y produire de fusion du cœur. Il réglerait aussi le problème des déchets, puisqu'il n'en produirait presque pas (80 % de moins que les réacteurs actuels), et les déchets produits auraient une durée de vie bien plus courte que celle des déchets actuels. De tels réacteurs régleraient enfin la question des matières premières, puisque, d'une part, le thorium est trois à quatre fois plus abondant que l'uranium et que, d'autre part, un réacteur à thorium pourrait être un surgénérateur, c'est-à-dire produire son propre carburant. Science-fiction il y a quelques années encore, ces réacteurs de quatrième génération sont en train de devenir réalité. L'autorité de sûreté nucléaire chinoise a délivré début juin 2023 un permis d'exploitation pour un premier réacteur au thorium à sel fondu dans le désert de Gobi [1]. La Chine compte les démultiplier et les exporter. En matière d'énergie nucléaire, le réacteur de quatrième génération devrait être le chaînon faisant le lien entre notre époque et celui de la fusion. À terme, cette dernière devrait être notre graal énergétique. L'énergie

---

1. https://www.geo.fr/environnement/chine-lance-son-premier-reacteur-nucleaire-vert-thorium-sels-fondus-gobi-wuwei-215290

nucléaire actuelle est produite à partir de la scission des atomes. Au contraire, la fusion consiste à former des atomes lourds à partir d'atomes légers. Il s'agit de reproduire les réactions nucléaires à l'œuvre dans les étoiles. Un défi technique beaucoup plus difficile à relever que celui de la fission. Mais aussi autrement plus prometteur : la fusion contrôlée produirait une quantité phénoménale d'énergie à partir d'une ressource première, le deutérium et le tritium, disponible sur Terre en quantité quasi illimitée et sans presque générer de déchets. Deux technologies sont en concurrence pour parvenir à ce résultat, celle du confinement magnétique et celle du confinement inertiel. Elles sont aujourd'hui engagées dans une course de fond. Le projet ITER[1] est le champion du confinement magnétique. Il rassemble les efforts de trente-cinq pays, dont les États-Unis, la Chine, les pays membres de l'UE, la Russie, le Japon et l'Inde, pour parvenir à le maîtriser. Dans le cadre d'ITER, l'une des infrastructures chinoises (le « soleil artificiel ») bat chaque année de nouveaux records sur cette voie[2]. Mais, depuis fin 2022, le confinement inertiel semble avoir pris une longueur d'avance sur le confinement magnétique quand le National Ignition Facility américain est

---

1. International Thermonuclear Experimental Reactor.
2. https://www.futura-sciences.com/sciences/actualites/fusion-fusion-nucleaire-nouveau-record-tokamak-chinois-64846/

parvenu à dépasser le seuil d'ignition grâce à cette technologie, c'est-à-dire le seuil à partir duquel l'énergie produite par fusion est supérieure à l'énergie dépensée [1]. Une étape qualifiée d'historique. Laquelle des deux l'emportera ? Nul ne peut le dire. Mais la fusion est attendue pour les années 2070.

Enfin, la transition aura besoin de l'essor de la captation du carbone à la source. Cette dernière se distingue de la captation du carbone directement dans l'air. Il s'agit de capter le carbone où il est produit, c'est-à-dire à la sortie des cheminées des installations émettrices. Une technologie qui va être déterminante pour augmenter le potentiel de décarbonation de la biomasse. Dans son cinquième rapport de 2014, le Giec s'est fait l'avocat de la BECCS (Bioenergy with Carbon Capture and Storage). Il s'agit de capter et stocker le carbone issu de la combustion des végétaux, en premier lieu du bois. Ce qui revient à soustraire du carbone de l'atmosphère. En effet, naturellement, les végétaux captent et stockent le CO_2 atmosphérique. Lorsque ces végétaux sont brûlés, ils produisent de l'énergie et libèrent le carbone emmagasiné. Capter et stocker ce carbone revient donc bien à le retirer de l'atmosphère. Le développement de cette technologie permettra d'augmenter le pouvoir de

---

1. https://www.numerama.com/sciences/1209828-fusion-nucleaire-un-soleil-artificiel-franchit-le-seuil-dignition-et-cest-historique.html

décarbonation de la biomasse. Car aujourd'hui la biomasse est neutre en carbone. Sa combustion libère autant de carbone que la croissance des végétaux en a absorbé. Avec le BECCS, la biomasse deviendrait un puits de carbone. La BECCS n'est plus une hypothèse d'école puisque en février 2020, pour la première fois, une centrale à bois britannique est parvenue à capter son CO_2.

- **L'hydrogène naturel, cygne blanc de la transition énergétique ?**

L'hydrogène est un gaz de choix pour décarboner l'énergie. Sa combustion est puissante (1 kilo d'hydrogène = 4 litres d'essence) et ne produit que de l'eau. Ses vertus écologiques ne s'arrêtent pas là puisque la pile à combustible, qui permet de le convertir en électricité, a une durée de vie trois fois supérieure à celle d'une batterie ; elle se recycle beaucoup mieux et ne contient pas de métaux rares. De plus, elle peut se recharger en deux minutes contre des heures pour les batteries classiques. Seulement, jusqu'à récemment, on croyait que l'hydrogène, tout en étant l'élément chimique le plus abondant de l'univers, n'existait pas (ou presque pas) à l'état naturel sur Terre. Il fallait donc le fabriquer en cassant les molécules d'eau au moyen d'un courant électrique. Bien sûr, pour que la fabrication de cet hydrogène soit elle-même décarbonée, l'électricité utilisée doit être bas-carbone (donc d'origine nucléaire, solaire, éolienne). Ce qui fait de l'hydrogène artificiel non pas une énergie à part entière, mais un vecteur énergétique, c'est-à-dire un mode de stockage de l'électricité. Avec au passage, comme pour tout mode de stockage, une forte déperdition énergétique (30 % de l'électricité utilisée pour fabriquer de l'hydrogène est perdue). Et le processus renchérit bien sûr son coût, le rendant beaucoup moins compétitif que le gaz naturel par exemple.

Or, on sait maintenant que de l'hydrogène est naturellement produit par la croûte terrestre. Le phénomène n'a été mis au jour que depuis peu. En 1987, des ouvriers creusaient un puits à la recherche d'eau au Mali lorsque l'un d'entre eux alluma une cigarette. Le gaz qui s'échappait du trou lui explosa au visage. Il fut établi en 2012 que ce gaz était de l'hydrogène pur à 98 %. Depuis, ce que l'on a pu prendre pour une curiosité est bien mieux documenté. Plusieurs processus géologiques conduisent à la formation d'hydrogène naturel dans le manteau rocheux [1]. Les réserves récupérables d'hydrogène natif seraient même considérables. En utilisant un modèle de l'industrie pétrolière, des chercheurs les évaluent à 1 000 milliards de tonnes [2]. De quoi satisfaire la demande

---

1. Principalement la serpentinisation, plus marginalement la radiolyse.
2. https://gsa.confex.com/gsa/2022AM/meetingapp.cgi/Paper/380270

mondiale durant des millénaires, même si la transition environnementale la faisait exploser [1]. Ce qui change tout. Primo, le coût. Tandis que produire de l'hydrogène à partir d'électricité éolienne ou photovoltaïque reviendrait à 5 dollars le kilo, le coût d'exploitation de l'hydrogène natif serait de moins de 1 dollar le kilo [2]. À ce tarif, l'hydrogène serait même plus compétitif que le gaz naturel. Bien sûr, ce tarif pourra beaucoup varier d'un filon à un autre en fonction de son accessibilité et de sa concentration. Comme pour les énergies fossiles. Mais l'hydrogène natif promet tout de même d'être une aubaine économique. Secundo, l'hydrogène peut satisfaire l'ensemble des besoins énergétiques. Il peut bien sûr servir de carburant pour les transports. Mais on peut également produire de la chaleur et de l'électricité avec de l'hydrogène. Et il peut aussi être une énergie idéale pour des industries lourdes comme la métallurgie ou la cimenterie. L'intérêt de l'hydrogène dépasse même le seul champ énergétique puisqu'il peut être utilisé pour produire des fertilisants moins carbonés. Tertio, rappelons-le, la combustion d'hydrogène produit un seul déchet : de l'eau. Or, dans un monde qui manque d'eau, cela ne devrait pas être neutre…

---

1. Eric Hand, « Hidden Hydrogen. Does Earth hold vast stores of a renewable, carbon-free fuel ? », *Science*, 16 février 2023.
2. *Ibid.*

Dans ces conditions, l'hydrogène naturel sera-t-il l'or noir du XXIe siècle ? Certains le pensent déjà[1]. Mais il convient de tempérer cet enthousiasme. L'hydrogène présente au moins un inconvénient majeur : il est très volatil. Plus petite molécule du tableau périodique des éléments de Mendeleiev, il expose à un important risque de fuite. Ce risque n'est pas qu'économique, il est aussi écologique puisque l'hydrogène peut aggraver le réchauffement climatique, non pas directement mais par l'impact chimique qu'il peut avoir sur d'autres molécules atmosphériques. De plus, la volatilité de l'hydrogène le rend plus difficile à stocker qu'un autre gaz. Un kilo d'hydrogène occupe à température ambiante bien plus d'espace que du gaz naturel. Il faut donc le pressuriser ou le liquéfier pour le concentrer. Ce qui le renchérit[2]. C'est pourquoi il pourrait ne jamais gagner la partie face aux petits engins électriques à batterie ou aux pompes à chaleur. Quoique le vélo à hydrogène

---

1. Juliette Raynal, « Et si l'hydrogène naturel était le "*game changer*" de la transition énergétique ? », *La Tribune*, 26 août 2021.

2. Un dernier handicap de l'hydrogène est parfois mis en exergue : son caractère explosif. L'hydrogène est en effet plus explosif que du méthane ou de la vapeur d'essence. Son énergie minimale d'inflammation est dix fois inférieure à celle de ces derniers gaz. Mais d'un autre côté il se dissipe aussi dans l'air dix fois plus vite qu'eux. Ce qui contribue fortement à réduire le risque.

par exemple, en plein essor en Chine, pourrait déjà rapidement concurrencer le vélo électrique. Mais l'hydrogène devrait surtout triompher pour tous les usages difficiles à électrifier tels que les gros engins de transport ou l'industrie lourde. Ce qui représente à peu près la moitié des besoins énergétiques et une part des besoins non énergétiques. Les énergéticiens ne s'y trompent pas. À bas bruit, la ruée sur l'hydrogène est lancée. Toutes les grandes compagnies pétrolières et gazières sont intéressées. Un premier forage a été lancé début 2023 dans le Nebraska. Des permis d'exploration ont été délivrés en Australie et des gisements sont à l'étude en Espagne, en Chine, en Finlande et en France. Il est surprenant qu'une telle révolution soit à ce point silencieuse. Mais elle est en cours et ne le restera pas longtemps. Si la transition énergétique est un défi prométhéen, l'hydrogène naturel pourrait être le cygne blanc permettant de le relever.

Transition agricole

- Défis de la transition agricole

Après l'énergie, l'agriculture est le plus gros émetteur de gaz à effet de serre. En comptant la déforestation qu'elle génère, l'agriculture est responsable d'environ 30 % du pouvoir réchauffant de l'activité humaine. Mais son impact environnemental dépasse largement celui du seul réchauffement climatique.

L'agriculture siphonne 70 % de l'eau consommée par l'humanité. Elle est directement responsable de l'essentiel de la pollution chimique des sols et des nappes phréatiques. En détruisant les habitats naturels, particulièrement via la déforestation, elle compte aussi parmi les causes majeures de l'effondrement de la biodiversité.

Schématiquement, on peut dire que la transition destinée à réduire l'impact environnemental de l'agriculture peut être articulée en trois volets : arrêt de la déforestation, réduction de l'utilisation intensive d'eau et de produits chimiques (les intrants) et réduction de l'impact de l'élevage. Plus facile à dire qu'à faire… Reprenons. La déforestation est principalement due à l'agriculture. À 73 % selon la Food and Agriculture Organisation (FAO)[1]. L'agriculture commerciale est la première cause de déforestation. Vient ensuite l'agriculture de subsistance[2]. *In abstracto*, il est aisé de lutter contre ces phénomènes. D'une part, en interdisant aux multinationales du soja ou de l'huile de palme de déforester. D'autre part, en soutenant économiquement les populations qui n'ont d'autre choix que de se rabattre sur la forêt pour survivre. En réalité, tout cela demande un véritable volontarisme politique et la mise en œuvre de mesures différenciées selon les situations. L'ONG World Wildlife Fund (WWF) en a dressé une liste

---

1. FAO, *La Situation des forêts du monde*, 2020, p. 75.
2. Noriko Hosonuma *et al.*, *op. cit.*

exhaustive allant de la constitution de zones protégées à la reconnaissance des droits des peuples indigènes sur les forêts, en passant par le partage des terres agricoles, la lutte contre les incendies ou l'application de systèmes de traçabilité du bois [1]. Lutter contre la déforestation n'a donc dans les faits rien d'une évidence...

Le deuxième axe de la transition agricole est la réduction de l'intensité en eau et en intrants chimiques de la production alimentaire. Là encore, la solution est connue. Elle s'appelle agroécologie. L'agroécologie recouvre un ensemble de techniques : diversification des cultures, recours aux légumineuses, allongement des rotations, fractionnement des parcelles, implantation d'arbres et de haies, etc. Ces techniques tendent à remplacer l'irrigation massive par une meilleure exploitation de l'humidité naturelle des milieux, les engrais par l'agroforesterie (en utilisant des arbres qui fixent l'azote dans les sols) et les pesticides par des végétaux et des animaux pour lutter contre les parasites. De façon encore plus synthétique, on peut dire que l'agroécologie consiste à remplacer la chimie industrielle par les services écosystémiques naturels. Les techniques d'agroécologie sont connues et éprouvées. Mais passer de l'agriculture moderne à l'agroécologie pose trois problèmes considérables. Premièrement, cela impose de changer radicalement

---

1. WWF, *Deforestation Fronts, Drivers and responses in a changing world*, 2020.

les pratiques agricoles partout où l'agriculture est industrielle. Cela va de la formation des agronomes et futurs agriculteurs aux systèmes de distribution des produits agricoles, en passant bien sûr par les champs. Deuxième problème de taille, l'agroécologie est structurellement plus intensive en main-d'œuvre que l'agriculture moderne. Troisièmement, l'agroécologie menace les rendements par rapport à l'agriculture conventionnelle. C'est ce qui est certainement le plus grand obstacle à cette transition. Car la problématique agricole est comparable à la problématique énergétique en ce sens que, dans les deux cas, il va non seulement falloir produire différemment, mais aussi produire plus. En l'occurrence, la croissance démographique et le développement vont imposer de produire 50 % d'aliments de plus en 2050 par rapport à aujourd'hui [1]. Cela, à surfaces agricoles quasi constantes pour stopper la déforestation. Et peut-être à surfaces agricoles réduites parce que, partout dans le monde, l'agriculture intensive a lessivé les sols. La FAO estime que le tiers des terres agricoles mondiales est aujourd'hui dégradé (érosion du sol, épuisement du stock d'éléments nutritifs, augmentation de la salinité) [2]. De plus, le réchauffement climatique risque bien sûr de considérablement

---

1 FAO, World Agriculture towards 2030/2050 : The 2012 Revision.

2. FAO, *L'État des ressources en terres et en eau pour l'alimentation et l'agriculture dans le monde - Des systèmes au bord de la rupture*, 2021, p. 11.

aggraver la situation : l'élévation du niveau des mers va engloutir des terres arables et l'élévation des températures va favoriser les parasites, raréfier la ressource en eau et déprimer les rendements de certaines cultures (de − 6 % par degré Celsius supplémentaire pour le blé, − 3,2 % pour le riz, − 7,4 % pour le maïs et − 3,1 % pour le soja, selon une étude qui a fait grand bruit [1]). Enfin, la disparition des pollinisateurs pourrait avoir un impact agricole dévastateur. 5 à 8 % de la production agricole mondiale en dépendent directement. Et les trois quarts des principales cultures vivrières indirectement [2]. La question des rendements étant à ce point clef pour l'avenir, l'agroécologie devra trouver des moyens de les garantir.

Enfin, la réduction de l'empreinte écologique de l'élevage est un véritable casse-tête. À l'échelle mondiale, la tendance de fond est à une augmentation constante de la demande de protéines animales. Elle est tirée par les populations des pays émergents. Avec le développement, les régimes alimentaires ont tendance à être de plus en plus carnés. Dit plus simplement, des milliards de personnes réclament le steak dont elles ont jusqu'ici été privées. Face à ce rouleau compresseur, l'évolution des modes de

---

1. Chuang Zhao *et al.*, « Temperature increase reduces global yields of major crops in four independent estimates », *PNAS*, 15 août 2017.

2. IPBES, *Rapport d'évaluation sur les pollinisateurs, la pollinisation et la production alimentaire, résumé à l'intention des décideurs*, 2016, p. 8.

consommation, tels que l'essor du véganisme et du flexitarisme (effort de modération de sa consommation de viande) dans les pays développés, aura bien sûr un rôle à jouer. Une autre évolution non négligeable est le report de la consommation de viande de ruminants (bœufs, moutons) sur la consommation de viande d'animaux non ruminants (poulets, porcs). Les premiers sont en effet les plus nocifs pour le climat. Leur mode de digestion par fermentation entérique, qui leur permet, contrairement aux autres animaux, de se nourrir de biomasse cellulosique (herbe et toute fibre végétale), génère du méthane, un gaz à effet de serre presque trente fois plus réchauffant que le carbone. Manger du poulet plutôt que du bœuf réduit les émissions de GES de l'élevage. Ce report de la consommation de ruminants vers les non-ruminants peut aider mais ne constitue pas en soi une panacée. Car passer du bœuf au poulet, c'est un peu tomber de Charybde en Scylla. Les animaux non ruminants doivent en effet être nourris avec des calories végétales propres à l'alimentation humaine. Il faut en moyenne sept calories végétales pour produire une calorie animale [1]. Résultat : le tiers des calories produites chaque année par l'agriculture sont détruites au profit de l'élevage. Pour remédier à cet effet de cannibalisation de la production végétale

---

1. Hervé Le Bras, *Vie et mort de la population mondiale*, Le Pommier, 2012, p. 144.

par l'alimentation animale, générateur d'insécurité alimentaire pour des centaines de millions de personnes, il sera à l'avenir nécessaire de changer le régime alimentaire du bétail. C'est-à-dire de le nourrir autrement qu'avec des calories consommables par l'homme. La piste des insectes, des algues ou des champignons est aujourd'hui activement explorée. D'autant plus que ces aliments pourraient eux-mêmes être produits à partir de déchets agricoles. Les déchets de café sont par exemple très fertiles pour les champignons. De même, les déjections des animaux (et même des humains !) pourraient être mieux valorisées comme engrais pour la production végétale. Ainsi l'élevage serait-il intégré dans une agriculture écosystémique, les déchets des uns devenant la matière première des autres. Dans cet esprit, et fort d'expériences réellement menées dans le monde, Gunter Pauli milite par exemple pour une nouvelle chaîne vertueuse café/champignon/bétail [1]. Il existe donc bien des solutions agroécologiques au problème de l'élevage. Mais elles seront notoirement insuffisantes. Car elles reposent sur une évolution des modes de consommation, donc une évolution des mentalités. Compte tenu des tendances lourdes plus haut décrites, nous ne pourrons pas compter uniquement là-dessus pour alléger l'empreinte

---

1. Gunter Pauli, *L'Économie bleue 3.0*, L'Observatoire, 2019, p. 139.

environnementale de la viande. Pour y parvenir, nous allons en sus avoir besoin de recherche et d'innovation technique. Comme pour aider à l'arrêt de la déforestation et sortir des intrants.

- Besoins technologiques de la transition agricole

Jusqu'ici, la recherche et l'innovation technique ont servi le modèle de l'agriculture chimique. Il leur appartient maintenant de permettre l'essor du modèle agroécologique. L'agroécologie va avoir besoin de génétique, de robots et d'IA. Elle va d'abord en avoir besoin pour réduire sa consommation d'eau. Deux voies sont explorées dans ce but. Premièrement, l'élaboration de nouvelles variétés de plantes plus tolérantes au stress hydrique. Toutes les techniques de sélections variétales sont aujourd'hui mobilisées pour ce faire. On peut en distinguer trois. Les croisements entre espèces – que l'on pratique depuis la naissance de l'agriculture –, la création d'OGM en effectuant de la transgenèse, c'est-à-dire le transfert de gènes entre espèces différentes, et la création de NBT (New Breeding Techniques), qui consiste à effectuer de la mutagenèse, soit modifier le génome de la plante sans y introduire de gènes qui lui sont étrangers. Pour être moins gourmande en eau, l'agriculture va par ailleurs devoir passer à l'irrigation de précision. Car la marge de progression en matière d'usage agricole de l'eau est considérable.

Nous l'avons vu, l'agriculture mobilise 70 % de l'eau utilisée par l'humanité. Mais, parallèlement, 70 % de l'eau d'irrigation ne parvient pas aux cultures [1]. L'agriculture devra donc passer de l'irrigation de masse à une irrigation par vaporisation, au goutte à goutte et monitoré via des capteurs, de l'IA et de la data. Il s'agira de surveiller en permanence l'état hydrique des cultures et de leur apporter exactement la quantité d'eau dont elles ont besoin en temps réel.

Les mêmes moyens serviront à aider l'agriculture à se passer des intrants chimiques. Premièrement, les techniques de monitoring par l'IA et les algorithmes seront aussi exploités pour réduire au minimum l'usage des engrais, pesticides, herbicides et fongicides. L'agriculture va également avoir besoin de nouvelles variétés pour éliminer les intrants. Les agronomes rêvent ainsi d'une troisième révolution de l'azote pour réduire l'usage des engrais de synthèse : après les engrais azotés naturels qui ont permis la révolution agricole du XIXe siècle, après les engrais azotés artificiels qui ont permis les révolutions agricoles du XXe siècle, ils essaient de mettre au point des variétés capables de fixer par elles-mêmes l'azote de l'air, autrement dit de générer leur propre engrais. De telles variétés constitueraient la révolution de l'azote du

---

1. Catherine Gautier, Jean-Louis Fellous, *Eau, pétrole, climat : un monde en panne sèche*, Odile Jacob, 2008, p. 15.

XXIᵉ siècle. De nouvelles variétés plus résistantes aux nuisibles sont aussi attendues pour réduire l'usage des herbicides, insecticides et fongicides. Des solutions mécaniques devraient également y aider, telles que des robots conçus pour désherber ou éliminer certains parasites.

La robotique et l'IA seront par ailleurs mobilisées pour rendre l'agroécologie moins intensive en main-d'œuvre. Elles lui permettront de s'automatiser, de la même manière que l'agriculture industrielle s'est mécanisée au XXᵉ siècle. Cette révolution est en cours. L'OCDE rapporte que la première culture entièrement robotisée, sans intervention humaine du semis jusqu'à la récolte, a été réalisée en 2017 [1]. Des robots capables d'effectuer toutes les tâches agroécologiques sont en développement [2].

La recherche sera aussi déterminante pour régler le problème des rendements. Nous l'avons vu, les enjeux de l'arrêt de la déforestation et de l'essor de l'agroécologie y sont liés. Pour arrêter de déforester, il faut augmenter les rendements. Or, l'agroécologie produit moins que l'agriculture industrielle. La bonne nouvelle, c'est qu'elle produit tout de même

---

1. https://www.oecd.org/fr/agriculture/sujets/technologie-et-agriculture-numerique/

2. La société danoise Agro Intelligence commercialise par exemple un robot totalement autonome capable d'effectuer des tâches agricoles de précision et la société française Vitirover a mis au point des petits robots solaires autonomes conçus pour désherber en flottes à l'échelle d'une exploitation.

plus que les agricultures traditionnelles. Une étude portant sur presque trois cents projets d'agriculture durable dans cinquante-sept pays pauvres a établi qu'ils avaient augmenté les récoltes de 79 % en moyenne [1]. Une étude à plus grande échelle fait état de rendements des cultures plus que doublés [2]. L'agroécologie a le pouvoir de stimuler les rendements des agricultures peu développées. Mais il lui faudra l'aide de la recherche et de l'innovation pour ne pas plomber ceux des agricultures les plus modernes. Ainsi les OGM pourraient-ils devenir ses meilleurs alliés. De nouveaux OGM capables de « hacker » la photosynthèse pour en démultiplier l'efficacité sont en cours de développement. Une équipe de chercheurs est déjà parvenue à produire des super-plants de tabac qui poussent plus vite que leurs parents naturels et sont 40 % plus grands [3]. Il s'agit d'une avancée majeure. Car si leur technique pouvait être étendue aux légumes et grandes cultures céréalières, ces « super-plantes » pourraient demain jouer un rôle aussi déterminant pour nourrir la planète que les variétés hybrides sur lesquelles reposa la révolution verte des années

---

1. Jules Pretty et Rachel Hine, *Resource-Conserving Agriculture Increases Yields in Developing Countries*, Essex University, 2006.
2. *Agroécologie et droit à l'alimentation*, op. cit.
3. Paul F. South *et al.*, « Synthetic glycolate metabolism pathways stimulate crop growth and productivity in the field », *Science*, 4 janvier 2019.

1970. Elles permettraient à elles seules de réaliser la plus grosse part de l'augmentation des rendements requise pour une population de 11 milliards de Terriens. Même le problème de la dépendance des petits exploitants aux multinationales ne se poserait pas car ces recherches sont menées dans le cadre d'un programme international public [1] cofinancé par des organisations philanthropiques telle la Fondation Bill et Melinda Gates [2]. Toutes les avancées réalisées dans le cadre de ce programme devront être mises gratuitement à la disposition des petits exploitants.

Enfin, on ne réglera pas le problème écologique de la viande sans innovation. Pour ce faire, la recherche est en train de se déployer dans deux directions : d'une part, développer des substituts à la viande ; d'autre part, réduire les émissions de GES générées par l'élevage. La recherche de substituts à la viande emprunte à son tour deux voies : d'une part, développer des protéines animales *in vitro* ; d'autre part, remplacer les protéines animales par des protéines végétales. Des protéines animales peuvent être synthétisées *in vitro* à l'aide de cellules ou de micro-organismes. Dans le premier cas, on peut parler de viande artificielle et de carniculture. Ses promesses écologiques sont considérables : par rapport à la viande classique,

---

1. RIPE, pour Realising Increased Photosynthetic Efficiency.
2. Céline Deluzarche, *Ces plantes OGM vont-elles résoudre la faim dans le monde ?*, Futura-sciences.com, 7 janvier 2019.

une réduction de 78 à 96 % de GES, de 7 à 45 % d'énergie, de 82 à 96 % d'eau [1]. Et pas de terres arables. Mais elle ne constitue pas une panacée. Elle est énergivore et très consommatrice de plastique. Et elle nécessite l'usage d'hormones de croissance potentiellement toxiques à haute dose. Produire artificiellement des protéines animales à partir de micro-organismes remédie à ces inconvénients. C'est ce que propose la start-up Solar Foods, qui produit de la protéine animale avec des microbes nourris au gaz carbonique [2]… Autrement dit, de la protéine animale à base de bactéries et de carbone. Écologiquement imbattable, mais toujours peu ragoûtante, cette solution pourrait élargir le panel des alternatives aux calories végétales pour nourrir le bétail. Plus prometteur pour les humains est cependant sans doute le remplacement des protéines animales par des protéines végétales. Une fausse viande « Canada Dry », des produits qui ont l'air d'être de la viande mais n'en sont pas. *Le nec plus ultra* de cette démarche semble proposé par la start-up californienne Impossible Foods, qui commercialise un steak 100 % végétal que les consommateurs prendraient pour de la viande véritable. Tout cela pour un bilan écologique imbattable :

---

1. Éric Muraille, « La viande "cultivée" en laboratoire pose plus de problèmes qu'elle n'en résout », *The Conversation*, 8 novembre 2019.
2. Weronika Zarachowicz, « Des bactéries pour nourrir la planète ? », *Télérama*, 12 avril 2023.

96 % de terres en moins par rapport à l'élevage, 87 % d'eau en moins et 89 % de GES en moins [1].

L'autre grande piste explorée par la science et la technologie pour réduire l'impact environnemental de l'élevage consiste à réduire ses émissions de GES. Là encore, des résultats extrêmement prometteurs ont déjà été obtenus. Rien qu'avec des compléments alimentaires naturels ajoutés au régime des bêtes, il est possible de réduire très substantiellement leurs émissions. Ainsi la start-up américaine Symbrosia a-t-elle mis au point un additif au régime alimentaire des ruminants à base d'algue marine *Asparagopsis taxiformis*, qui aurait le pouvoir de réduire de 85 % leurs émissions de GES. Quand on sait que la fermentation entérique des bovins (rots et pets) représente 40 % des émissions de GES d'origine agricole, on perçoit tout le potentiel d'une telle innovation. La technologie est en train de régler le problème de l'élevage.

Transition industrielle

- Défis de la transition industrielle

Il s'agit d'un fourre-tout qui recouvre l'ensemble des activités de production industrielle non énergétiques et agricoles. Son potentiel de réduction des

---

1. https://impossiblefoods.com/blog/small-actions-for-big-change

émissions de gaz à effet de serre n'est pas négligeable, mais il est très inférieur à celui des deux autres transitions, de l'ordre de 10 %. L'enjeu essentiel de cette transition est la réduction de l'intensité matérielle de l'industrie et de la pollution qu'elle génère. Elle est réputée être la transition vers la circularité. Soit le passage de l'économie linéaire actuelle fondée sur le triptyque « prendre, utiliser, jeter » (*take, make, waste*) à une économie dans laquelle, comme dans la nature, les déchets des uns sont les matières premières des autres. Mais ce schéma est une vue de l'esprit. Plutôt que d'économie circulaire, il serait plus jute de parler d'économie frugale, d'économie durable ou d'économie responsable. Car, si l'économie peut tendre vers la circularité, elle ne pourra jamais être complètement circulaire. Plusieurs raisons à cela. Premièrement, une économie en croissance aura toujours tendance à consommer toujours plus de matériaux. Deuxièmement, certains matériaux ne sont pas récupérables. Il s'agit de ceux dont l'usage est émissif (combustion d'un baril de pétrole) ou dispersif (plaquettes de frein). La transition énergétique a vocation à faire disparaître les premiers, puisqu'il s'agit des énergies fossiles que l'on brûle. La transition agricole a vocation à considérablement réduire le volume des seconds, puisqu'une grosse partie des produits dispersifs sont des intrants agricoles. Mais il existe d'autres produits à usage dispersif. Enfin, certains matériaux ne se recyclent pas indéfiniment. Ils se dégradent après quelques cycles.

C'est bien pourquoi le premier objectif de la transition industrielle est de limiter le volume de matière dispersée. C'est bien pourquoi aussi son deuxième objectif est de maximiser le recyclage de ce qui peut l'être pour alimenter la croissance. Et c'est bien pourquoi encore cette transition ne peut pas être circonscrite à la question du recyclage. Elle repose sur une hiérarchie des usages de la matière dans laquelle le recyclage est loin d'occuper le sommet. Elle comprend cinq étages : réduire, utiliser, recycler, incinérer et stocker. Réduire la quantité de matériau utilisé est la priorité d'une économie qui se veut plus circulaire. Car le meilleur déchet est bien sûr celui que l'on ne produit pas. Mais réduire signifie aussi réduire la pollution générée par les activités économiques indépendamment de la quantité de matière employée. Vient ensuite l'étape de l'utilisation : pour restreindre son usage de matière, l'économie doit maximiser la durée d'utilisation de ce qu'elle produit. À la fois en augmentant sa longévité et en favorisant sa réparation et sa réutilisation en seconde main. Quand, et seulement quand, plus personne ne peut avoir l'usage d'un produit, doit alors se poser le problème de son recyclage. Quand, et seulement quand, un produit ne peut pas être recyclé, il doit être incinéré pour faire l'objet d'une valorisation énergétique et ne pas se répandre dans la nature. Enfin, quand un matériel ne peut même pas être incinéré, il doit être stocké en attente d'une éventuelle valorisation rendue possible par l'évolution des sciences et techniques.

Beau programme. Mais qui suppose rien de moins que de revoir l'ensemble de la vie des produits. Reprenons chaque étage de la pyramide. Celui de la réduction est clef pour limiter les usages dispersifs de la matière. En particulier l'usage dispersif des métaux et des plastiques dans les encres, les peintures, le verre, les textiles, etc. Et, plus globalement, la dispersion d'un nombre colossal de substances chimiques. Ce qui suppose de repenser la composition de nombre de consommables. C'est là que commence l'écoconception. Par ailleurs, les marges de manœuvre pour réduire la pollution générée par les activités économiques dans tous les domaines sont colossales. C'est par exemple tout l'enjeu de ce que l'on appelle la mine durable, un ensemble de normes imposées aux activités minières pour limiter et neutraliser leurs rejets toxiques. Mais il faut bien avoir conscience du poids que vont avoir ces réglementations. Elles vont imposer aux industries les plus polluantes de revoir de fond en comble leurs manières de faire.

L'étage de l'usage se subdivise en deux branches : augmenter la longévité des produits et leur offrir une seconde vie. La question de la longévité initiale des produits pose le problème de la rénovation du bâti, de la lutte contre le gaspillage, de l'interdiction de l'obsolescence programmée et, plus globalement, de la qualité des biens. Augmenter leur longévité, c'est aussi privilégier la réparation et la rénovation sur l'achat de produits neufs ou la construction de nouvelles infrastructures. L'écoconception répond encore à cette préoccupation. De l'extension des garanties à la restauration du cadre bâti en passant par le développement des ressourceries et recycleries de l'économie sociale et solidaire, cet axe de transition impose une véritable restructuration de l'économie.

Vient ensuite le stade du recyclage. Recycler un matériau épargne un triple coût environnemental. Premièrement, cela évite la destruction locale liée à son prélèvement. Deuxièmement, l'exploitation d'une matière recyclée est beaucoup moins émettrice de GES que le traitement d'un matériau brut. Troisièmement, par définition, un matériau recyclé ne se retrouve pas dans la nature. On ne peut vraiment parler de circularité qu'avec des matériaux indéfiniment recyclables [1]. Heureusement, la quasi-totalité des matériaux exploités dans le bâtiment et

---

1. L'immense majorité des matériaux bruts (c'est-à-dire purs, non mélangés) exploités par l'humanité le sont. C'est le cas des minéraux (plus de 50 % du volume des ressources exploitées), des métaux (plus de 10 % du volume des ressources exploitées) et de la biomasse (presque 25 % du volume des ressources exploitées). Les seules ressources brutes peu ou pas recyclables sont les énergies fossiles, qui représentent 15 % du total.

l'urbanisme sont indéfiniment recyclables[1]. Il en est de même des produits alimentaires. À eux deux, ces secteurs représentent 60 % de la consommation matérielle de l'humanité[2]. Il y a là un véritable gisement de circularité. Mais l'exploiter suppose de privilégier les matières recyclées au détriment des matières premières et de constituer des filières de recyclage. Ce qui revient à révolutionner les stades amont et aval de la production de la plupart des consommables.

Enfin, la pyramide du bon usage des matériaux ne prévoit plus que deux étages pour les biens non dispersés, non réutilisés et non recyclés : ceux de l'incinération et du stockage. L'incinération est aussi appelée « valorisation énergétique » parce qu'elle sert à produire de la chaleur et/ou de l'électricité. Quant au stockage, toujours préférable aux décharges, il ne peut concerner que le résidu des matériaux dont on ne sait vraiment pas quoi faire, en particulier les produits les plus toxiques et dangereux. Dans l'optique de tendre vers la circularité, ces étages ne sont que des pis-aller. Tendre vers la circularité signifie éviter au maximum d'y recourir. Pour cela, il faut rendre recyclables des produits aujourd'hui trop complexes pour l'être, tels que les biens électroniques et les plastiques. L'écoconception, encore.

---

1. Béton, ciment, brique, acier, verre, isolants, céramiques, terres excavées inertes.
2. *Circular Gap Report 2020*, p. 18-19.

On voit bien que cette transition remet en question toutes les pratiques industrielles actuelles et va nécessiter de l'innovation technique d'un bout à l'autre de la chaîne.

- Besoins techniques de la transition industrielle

Comment qualifier l'innovation nécessaire à la transition industrielle ? Ce n'est pas simple. Car, on le conçoit aisément, elle ne peut être qu'extrêmement protéiforme. Elle sera bien différente d'un secteur et d'un produit à l'autre. Et elle sera requise à chacun des échelons permettant d'avancer sur la voie de la circularité. Il faudra innover pour réduire l'intensité matérielle et la pollution générée par la fabrication et l'usage des produits ; il faudra innover pour en augmenter la longévité et la réparabilité et il faudra innover pour rendre recyclable ce qui ne l'est pas aujourd'hui.

Ces innovations tous azimuts seront de natures très diverses. Pour bien comprendre le caractère tentaculaire des changements attendus, une typologie de l'innovation est ici utile. On peut distinguer deux grandes familles d'innovation : l'innovation comportementale et l'innovation technique. L'innovation comportementale est culturelle. Exhumer d'anciennes techniques de production ou organiser cette dernière différemment relève de l'innovation comportementale. De son côté, comme son nom l'indique, l'innovation technique est par nature… technique. On peut distinguer trois types d'innovations techniques. Primo, l'innovation incrémentale qui consiste à améliorer une technologie existante. Secundo, l'innovation disruptive, consistant à élargir l'usage d'une technologie existante. Tertio, l'innovation radicale, qui correspond à ce que l'on appelle communément l'innovation technologique, soit la création d'une technologie nouvelle.

La transition industrielle devra se déployer dans toutes ces directions à la fois. Il lui faudra de l'innovation comportementale. Par exemple organiser les chantiers de rénovation des bâtiments autrement pour assurer systématiquement le recyclage du verre des fenêtres. Et il lui faudra beaucoup d'innovations techniques. Les innovations incrémentales et disruptives seront déterminantes pour augmenter la longévité et la réparabilité des biens. Par exemple, pour désintriquer leurs composants matériels et passer ainsi du modèle actuel de la destruction des produits en fin de vie à un modèle « Meccano » ou « Lego » dans lequel les biens seraient faits pour être déconstruits, démontés, désassemblés et décomposés. En ce sens, la transition vers la circularité sera un effort de « désinnovation », soit de recherche de manières de faire plus simples.

Dans ces conditions, quid de l'innovation radicale, c'est-à-dire de la technologie proprement dite ? Elle aura évidemment son importance. La technologie de la captation du carbone à la source, déjà rencontrée dans le cadre de la transition énergétique, promet d'être déterminante pour décarboner l'industrie. À la fois pour décarboner les sites industriels dont les procédés sont intrinsèquement émetteurs de gaz à effet de serre – sites de fabrication du béton, sidérurgiques (fabrication de l'acier), plasturgiques (fabrication des plastiques) ou de fabrication de produits chimiques de synthèse (engrais) –, mais aussi pour décarboner l'échelon de la valorisation énergétique des déchets non recyclables incinérés. Plus largement, il faudra de la recherche et développement pour réduire l'intensité matérielle des consommables et élaborer des procédés moins polluants. De même que pour créer des matériaux biosourcés et apprendre à recycler les matières composites dont nous ne parviendrons pas à nous passer. À plus long terme, les recherches actuellement menées sur l'énergie quantique pourraient un jour révolutionner l'efficacité de la production industrielle et des biens de consommation [1]. La science de l'infiniment petit pourrait être sur le point d'accoucher d'une nouvelle révolution industrielle au

---

1. Roman Ikonicoff, Mathilde Fontez, « Énergie quantique, elle fait exploser toute la physique », *Epsiloon*, n° 11, mai 2022, p. 40 sq.

potentiel vertigineux. De l'augmentation de la puissance des ordinateurs à l'efficacité des systèmes de réfrigération en passant par celle des batteries, l'énergie quantique permet de rêver à un monde beaucoup plus sobre en matériaux, en énergie et en déchets.

En attendant, le caractère tentaculaire et protéiforme de la transition industrielle a accouché d'un concept qui fait aujourd'hui florès, celui de *low-tech*. Évidemment forgé par opposition à la high-tech, le succès du concept est inversement proportionnel à sa clarté. Qu'est-ce qu'une *low-tech* ? Ce n'est pas seulement la carriole à la place de l'automobile. Le concept dépasse de loin la redécouverte des technologies du passé. Il englobe aussi des technologies nouvelles permettant de se passer de biens ou d'appareils plus sophistiqués ou plus polluants. Par exemple, le poêle de masse (poêle à bois amélioré) en remplacement d'une chaudière au fioul ou de radiateurs électriques. Ce qui signifie que, comme la high-tech, la *low-tech* peut nécessiter de la recherche et développement et de l'investissement. De plus, la notion de *low-tech* est relative. Même si les vélos actuels peuvent être des monstres de high-tech (matériaux, aérodynamisme, intégration de l'électronique, assistance électrique), ils restent des solutions *low-tech* par rapport à tout autre mode de transport motorisé. Pour pouvoir être qualifié de *low-tech*, un bien doit néanmoins avoir quelques caractéristiques intrinsèques : être réparable, recyclable et économe en ressources. C'est-à-dire très exactement ce qui définit l'ensemble de la transition industrielle... Il faut donc se résoudre à considérer soit que le concept de *low-tech* est inutile, soit qu'il désigne un état d'esprit et une méthode susceptibles de guider nos pas sur la voie de la circularité. À l'instar du précepte du rasoir d'Ockham, qui, en cas de conflits entre deux solutions à un problème, commande de toujours opter pour la plus simple, l'esprit de la *low-tech* commanderait de toujours opter pour les choix d'innovation les moins sophistiqués pour mener la transition industrielle.

Une philosophie parfaitement en phase avec celle des deux mouvements transversaux nécessaires à l'accomplissement de la transition : celui de l'efficacité et celui de la sobriété.

Efficacité et sobriété : faire (avec) moins

Les trois grands silos de transitions sectorielles ont en commun deux mouvements qui les traversent tout en les dépassant : le mouvement vers l'efficacité et le mouvement vers la sobriété.

Efficacité : faire autant avec moins

Effectivement, l'efficacité, c'est faire autant avec moins. Moins d'énergie et de matière. L'efficacité a vocation à irriguer les trois transitions. Elle est clef dans la transition énergétique puisqu'elle contrebalance l'effet de la croissance économique pour limiter l'inflation des besoins futurs. L'amélioration de la gestion des ressources en eau et de la productivité agricole est aussi affaire d'efficacité. Et on peut dire que la transition industrielle relève tout entière de l'efficacité.

Mais peut-on encore gagner en efficacité ? La question se pose parce que, depuis les années 1970, de gros progrès ont déjà été faits en la matière. On estime, par exemple, que l'économie américaine serait au moins deux fois plus consommatrice d'énergie qu'elle ne l'est aujourd'hui si aucun effort d'efficacité n'avait été entrepris depuis les chocs pétroliers [1]. Et pourtant, nous n'aurions fait jusqu'ici que gratter la surface du gisement envisageable d'efficacité. Selon l'AIE, la plupart des procédés industriels sont au moins 50 % plus intenses en énergie que le minimum théorique défini par les lois de la thermodynamique [2]. Nous sommes donc encore

---

1. Ernst von Weizsäcker *et al.*, *Facteur 5 - Comment transformer l'économie en rendant les ressources 5 fois plus productives*, De Boeck, 2013, p. 74.
2. IEA, *World Energy Outlook 2006*.

loin d'avoir touché aux limites physiques de ce qu'il est possible d'en attendre.

À partir de ce constat et de travaux précurseurs [1], *Facteur 5*, un rapport rendu au Club de Rome comme le fut le fameux rapport Meadows de 1972, démontre que le potentiel de l'efficacité demeure considérable [2]. *Facteur 5* explique concrètement comment atteindre jusqu'à 80 % de gain de productivité des ressources dans les grands secteurs économiques que sont le bâtiment, l'industrie, l'agriculture et les transports. À savoir les secteurs les plus consommateurs de matière, d'eau et d'énergie. « Facteur 5 » signifie diviser par 5 l'intensité matérielle et énergétique de l'économie pour réduire de 80 % l'impact environnemental par unité de production. Afin d'y parvenir, il propose d'adopter pour chaque production une « approche système complet » d'amélioration de la productivité des ressources [3].

---

1. Ernst von Weizsäcker, Amory B. Lovins, L. Hunter Lovins, *Factor Four, Doubling Wealth, Halving Resource Use*, Earthscan, 1998 ; Paul Hawken, Amory B. Lovins, L. Hunter Lovins, *Natural Capitalism*, Earthscan, 1999; William McDonough, Michael Braungart, *Cradle to Cradle*, Alternatives, 2011.

2. Ernst von Weizsäcker *et al.*, *Facteur 5*, *op. cit.*

3. Cette approche consiste à cumuler des gains d'efficacité tout au long de la vie d'un bien ou d'une infrastructure. Reprenant un cadre d'analyse établi par le Giec, *Facteur 5* passe ainsi chacun des grands secteurs d'activité au crible d'une matrice de réduction en huit volets : efficacité énergé-

Exemple, dans l'industrie sidérurgique :

Efficacité énergétique	Remplacer les hauts fourneaux traditionnels par des des fours à arc électrique	70 % d'énergie économisée
Substitution énergétique	Remplacer le coke par du charbon de bois dans les hauts fourneaux	-60 % de GES
Récupération de chaleur et d'énergie	Utiliser des fours à « double sole jumelée »	Récupérer la chaleur des gaz pour alimenter le four proprement dit en cycle
Énergies renouvelables	Alimenter les fours à arc électrique en énergies renouvelables	-100 % de GES
Substitution de matières premières	Recyclage de ferraille plutôt que production d'acier primaire	80 % d'énergie économisée
Substitution des produits	Non pertinent car l'acier est peu substituable	———
Efficacité des matériaux	Remplacer les hauts fourneaux traditionnels par des fours à arc électrique	8 fois moins d'eau consommée
Réduction des GES autres que le CO_2	Non pertinent car l'industrie sidérurgique n'émet que du CO_2	———

L'ensemble des gains pouvant théoriquement être réalisés dans tous les secteurs d'activité étudiés selon cette matrice est impressionnant. Le problème est toujours le même : ils se heurtent à l'effet rebond, ou « paradoxe de Jevons », du nom de l'économiste britannique qui, le premier, le théorisa. En 1865, William Stanley Jevons observa en effet que, moins les machines à vapeur consommaient de charbon, plus l'économie en consommait globalement. Explication : plus une source

---

tique, substitution énergétique, récupération de chaleur et d'énergie, énergies renouvelables, substitution de matières premières, substitutions des produits, efficacité des matériaux et réduction des gaz à effet de serre autres que le CO_2.

d'énergie est efficacement consommée, plus la consommation de cette source d'énergie est stimulée. Depuis l'époque de Jevons, le phénomène a pu être observé systématiquement. Les gains d'efficience des moteurs automobiles ont été compensés par une augmentation des ventes de voitures, des trajets plus longs ou une augmentation du poids, de la taille, du confort et de la puissance des véhicules. Idem pour les gains énergétiques réalisés sur les écrans d'ordinateur ou de télévision qui ont ouvert la voie à l'augmentation constante de leur taille. Aujourd'hui, on s'attend à ce que les gains énergétiques de la 5G (deux fois moins énergivore que la 4G) soient largement compensés par l'augmentation du trafic. On pourrait multiplier les exemples à l'envi.

Heureusement, l'effet rebond ne condamne pas toujours tout gain d'efficacité. Sinon les efforts entrepris à partir des chocs pétroliers n'auraient eu aucun impact. C'est bien parce que l'efficacité a eu un effet positif que, depuis les années 1970, le PIB mondial a augmenté en moyenne de 3,1 % par an tandis que, dans le même temps, la consommation mondiale d'énergie finale augmentait en moyenne de 1,8 %[1]. Depuis un demi-siècle, l'efficacité a en moyenne réduit de 40 % l'augmentation des

---

1. Victor Court, « La demande énergétique mondiale est sous-estimée, et c'est un vrai problème pour le climat », *The Conversation*, 6 avril 2021.

besoins énergétiques. C'est appréciable, mais la persistance de l'effet rebond signifie deux choses pour l'avenir. Primo, mener à bien la transition environnementale impose de maximiser les gains d'efficacité en mettant en œuvre des mesures économiques spécifiquement destinées à lutter contre l'effet rebond. Ce que nous verrons au chapitre V. Secundo, la difficulté à combattre l'effet rebond signifie que, parallèlement, il n'y aura pas de transition sans sobriété.

Sobriété : ralentir et réduire

Si l'efficacité consiste à faire autant avec moins, la sobriété consiste à faire moins tout court. Soit en renonçant à certains biens, services, activités ou comportements : c'est la frugalité. Soit en modérant la production ou la consommation des biens et services auxquels on ne renonce pas. Cette modération est autant affaire de quantité que de rythme : autant réduire que ralentir.

La notion de sobriété est sans doute la plus stratégique de la transition. À tout le moins, la plus impliquante politiquement. En effet, aucun plan de transition ne fait l'impasse sur la sobriété. La question qu'elle pose n'est donc pas « Faut-il y avoir recours ? », mais « Dans quelle proportion ? » C'est cette question qui fonde le clivage entre décroissance et croissance durable. La première attend de la sobriété qu'elle aille jusqu'au rétrécissement global de l'économie, pas la seconde. La première fait de la sobriété le cœur et le moteur de la transition, la seconde la considère comme un instrument secondaire derrière l'efficacité et les mécanismes de marché. Dans une optique durabiliste, la sobriété est donc à la fois incontournable et à manier avec… modération.

Mais de quoi parle-t-on au juste ? Pas de la même chose d'un bout à l'autre du globe. On peut distinguer une sobriété du Nord, une sobriété du Sud et une sobriété transverse. Pour le Nord, la sobriété est une révision des modes de consommation et de production. Cette sobriété devrait être comportementale et législative. Comportementale, parce que la sobriété sera inévitablement le fruit d'une prise de conscience, actuellement à l'œuvre, de la part des consommateurs et des citoyens des pays riches. Schématiquement, c'est la lutte contre le gaspillage. Éteindre la lumière quand on sort d'une pièce ou fermer le robinet quand on se lave les dents, c'est de la sobriété, de même que ne pas acheter de SUV. Nous devons individuellement changer nos comportements pour participer à l'allégement global de notre empreinte écologique. Mais il ne faut pas non plus trop attendre de cette sobriété citoyenne. Car, dans un monde structurellement non durable, à moins de se mettre en marge de la société, il est très compliqué de mener une vie durable. Concrètement, la marge de manœuvre individuelle est étroite. Pour la France, par exemple, le cabinet Carbone 4 a calculé que « l'impact probable des changements de comportement individuels pourrait stagner autour de 5 à 10 % de l'empreinte carbone [1] ». Dans ces conditions, il est même dangereux de trop attendre de la sobriété individuelle. Car c'est le meilleur moyen de ne rien changer. Les industriels l'ont d'ailleurs bien compris. Coca fustige l'incivisme du consommateur qui jette sa bouteille dans la nature pour ne surtout pas voir remis en question son droit à déverser chaque année des millions de tonnes de plastique sur le monde.

C'est pourquoi l'essentiel des progrès à réaliser doit peser sur la structure même de l'économie. En termes de sobriété, cela devrait se traduire par le recours de plus en plus fréquent à des interdictions législatives et réglementaires. Interdiction du plastique à usage unique, interdiction des terrasses chauffées, interdiction des moteurs thermiques, etc. Il faut bien avoir conscience qu'imposée de manière collective la sobriété est une forme de rationnement. Mais un rationnement qui n'interdit pas la croissance. En effet, si la sobriété est au cœur du clivage entre décroissance et croissance durable, elle constitue également un pont entre les deux. C'est le cas à partir du moment où elle ne

---

1. César Dugast, Alexia Soyeux *et al.*, *Faire sa part*, Carbone 4, 2019, p. 3.

vise pas une réduction globale de la production et de la consommation, mais la réduction de son intensité matérielle et énergétique. Prenons des exemples concrets pour bien comprendre la différence. Des mesures relevant de la sobriété sont déjà mises en œuvre et programmées dans la législation environnementale existante. Ainsi, en France, les pailles en plastique sont-elles interdites depuis début 2021. Cela ne signifie pas que les pailles tout court soient interdites. L'interdiction produit un report de la production et de la consommation sur un autre matériau, en l'occurrence le carton. L'exemple des transports est encore plus parlant. La France a interdit les vols intérieurs de moins de deux heures trente. C'est de la sobriété, mais pas forcément de la décroissance. En effet, une telle interdiction pourra se traduire différemment dans l'économie. En l'absence de vol, certaines personnes renonceront au déplacement (effet décroissance), mais d'autres n'y renonceront pas et l'effectueront en voiture, en car ou en train. Cette interdiction se traduira donc par une augmentation de la consommation d'autres transports moins carbonés (effet croissance durable).

Dans le Sud, la sobriété devrait avoir un tout autre visage. Il faudra certes y rationaliser, si ce n'est y rationner, l'usage de certaines ressources vitales telles que l'eau. Mais, dans les pays pauvres, l'essentiel de la sobriété devrait être de nature démographique. Depuis les années 1980, la question démographique a été évacuée de la problématique environnementale. Elle était pourtant au cœur du mouvement écologiste à sa naissance dans les années 1960 et 1970. Aujourd'hui, la démographie n'est plus du tout identifiée comme un problème environnemental par le discours écologiste dominant. On ne compte plus que sur l'économie pour régler la crise environnementale. Pourtant, aucun des problèmes de la planète ne serait aussi grave si nous étions moins nombreux. Demain, il est bien évident que notre empreinte écologique ne sera pas la même selon que nous serons 9, 10 ou 11 milliards. Selon les prévisions moyennes actuelles de l'ONU, d'ici à 2050, la croissance démographique devrait compter pour 25 à 30 % de l'augmentation des besoins énergétiques, alimentaires et en matières premières. Ce qui signifie aussi qu'une stabilisation de la population mondiale au niveau actuel équivaudrait à accomplir d'un seul coup un quart à un tiers de chacune des trois transitions économiques… Lorsqu'on mesure à quel point ces transitions seront difficiles à mettre en œuvre, on mesure dans le même temps à quel point la transition démographique devrait être considérée comme clef dans la transition environnementale.

Or, s'il y a bien une transition qui soit certaine, c'est la transition démographique. Par transition démographique, on entend le passage d'un stade de forte natalité et forte mortalité (avant le développement) à une situation de faible natalité et faible mortalité (dans les pays développés). Entre les deux, les populations passent par une phase de forte natalité et faible mortalité qui se traduit par une explosion démographique. Cette transition est aujourd'hui achevée dans les pays développés. On sait qu'elle aura lieu dans le reste du monde. La question est donc : quand ? Selon les prévisions actuelles et moyennes de l'ONU, la population mondiale va se stabiliser à la fin du XXIe siècle autour de onze milliards de personnes pour décroître au cours du siècle suivant. C'est-à-dire beaucoup trop tard et beaucoup trop haut. Certains analystes affirment cependant que le pic de population se produira plus tôt et plus bas : la population mondiale pourrait ainsi plafonner en 2064 à 9,73 milliards d'habitants pour décliner lentement ensuite[1]. On peut néanmoins douter que cette prévision basse se réalise car, depuis soixante-dix ans, les prévisions moyennes de l'ONU se sont toujours vérifiées. Mais, même si c'était le cas, notamment en raison de l'impact de la pandémie de Covid sur la natalité, la croissance démographique demeurerait un problème. En effet, même dans les hypothèses de

---

1. Stein E. Vollset *et al.*, « Fertility, mortality, migration, and population scenarios for 195 countries and territories from 2017 to 2100 : a forecasting analysis for the Global Burden of Disease Study », *The Lancet*, 14 juillet 2020.

décélération les plus fortes, la population mondiale tutoie les 10 milliards au milieu du siècle. Même dans les scénarios les plus optimistes du point de vue de la sobriété démographique, notre nombre augmente de 25 % par rapport à aujourd'hui au cours des décennies à venir. Dans tous les cas de figure, il faut donc accélérer la transition démographique pour mener la transition écologique.

Théoriquement, il est simple de stabiliser la population planétaire. Deux leviers le permettraient : le financement du planning familial mondial et la scolarisation des filles partout dans le monde. À court terme, la satisfaction de la demande mondiale de contraception et d'IVG suffirait à elle seule à réduire de 40 % la croissance démographique [1]. À l'échelle d'une ou deux décennies, la scolarisation de toutes les filles dans le monde ferait radicalement chuter le taux de fécondité de l'humanité. Il existe en effet une forte corrélation entre le niveau d'instruction des filles et le nombre d'enfants par femme. Transition environnementale rime avec droits des femmes. De plus, la mise en œuvre d'un tel programme n'a rien de pharaonique ni de ruineux. C'est une révolution qui se mène avec des préservatifs et des stylos. Par

---

1. Gilda Sedgh, Susheela Singh and Rubina Hussain, « Intended and Unintended Pregnancies Worldwide in 2012 and Recent Trends », *Studies in Family Planning*, vol. 45, n° 3, septembre 2014, p. 301-314.

voie de conséquence, l'accélération de la transition démographique ne serait pas chère. Selon le fonds des Nations unies pour la population et le Guttmacher Institute, il manquerait aujourd'hui 4 milliards de dollars par an pour couvrir les besoins en planification familiale des femmes du monde entier [1]. En ce qui concerne l'éducation, il faudrait dégager 39 milliards de dollars par an pour que toutes les filles du monde soient scolarisées jusqu'au secondaire [2]. Au total 43 milliards de dollars par an, soit moins de 2 % de ce que devrait coûter la transition énergétique annuellement. Et ce, pour réduire de 20 à 30 % notre empreinte écologique future... Imbattable ! Mais cette révolution féministe n'est aujourd'hui que théorique car elle se heurte de plein fouet aux mentalités, cultures, religions et traditions des pays dont le taux de fécondité est aujourd'hui le plus élevé...

Lutte contre le gaspillage du Nord, transition démographique du Sud, une forme de sobriété devrait néanmoins être commune aux deux : la sobriété spatiale. L'humanité ne peut plus gagner de terrain. Elle s'est aujourd'hui arrogé près de la

---

1. Alan Weisman, *Compte à rebours. Jusqu'où pourrons-nous être trop nombreux sur Terre ?*, Flammarion, 2013, p. 385.
2. Paul Hawken, *Drawdown, The Most Comprehensive plan ever proposed to reverse global warming*, Penguin, 2017, p. 185.

moitié de l'ensemble des terres habitables de la planète. Environ 1 % des zones habitables du monde sont artificialisées (villes, villages, infrastructures). Et 46 % des terres habitables sont exploitées par l'agriculture [1]. Si la protection des grands équilibres géophysiques de la planète requiert une sobriété foncière dans le monde entier, les modalités de sa mise en œuvre font de nouveau apparaître une différence entre monde développé et monde en développement. Le premier est bien plus artificialisé que le second. Ainsi, en France, près de 10 % du territoire métropolitain est aujourd'hui artificialisé [2]. Dix fois plus que la moyenne mondiale. Dans les pays riches, la priorité de la sobriété foncière est donc à l'arrêt de l'artificialisation. Dans les pays en développement, au contraire, la priorité est à l'arrêt de l'expansion agricole. Mettre un terme à la déforestation relève bien de la sobriété foncière.

Ce tour d'horizon de la transition donne un aperçu de l'ampleur de la tâche à accomplir. Il convient pour le terminer de se demander où nous en sommes concrètement.

---

1. https://ourworldindata.org/land-use
2. Philippe Bihouix, Sophie Jeantet, Clémence de Elva, *La Ville stationnaire, Comment mettre fin à l'étalement urbain*, Actes Sud, 2022, p. 23.

Où en est la transition ?

Bilan de la transition énergétique

La lecture des rapports les plus récents de l'Agence Internationale de l'Énergie (AIE) fait du bien. Elle donne des raisons d'espérer. Et de battre en brèche quelques idées reçues… Car elle montre que la transition énergétique est en marche. Cette transition constitue de loin le volet le plus avancé de la transition environnementale.

Le rapport *World Energy Outlook 2022* part naturellement de la guerre en Ukraine. En apparence, elle a freiné la transition, puisque la raréfaction du gaz et du pétrole russes a augmenté le recours au charbon en Europe. Mais, par-delà cet effet passager, la crise ukrainienne a accéléré le mouvement structurel de décarbonation du système énergétique mondial. Plus de 90 % des nouvelles capacités de production d'électricité programmées d'ici à 2027 sont renouvelables [1]. On s'attend par ailleurs à ce que le marché mondial des véhicules électriques double d'ici à 2025 pour représenter 20 % des ventes à cette date [2]. Résultat : pour la première fois dans l'histoire de ses

---

1. https://www.iea.org/news/renewable-power-s-growth-is-being-turbocharged-as-countries-seek-to-strengthen-energy-security
2. *World Energy Outlook 2022*, International Energy Agency, p. 238.

rapports, l'AIE anticipe un pic de consommation des énergies fossiles à partir des politiques énergétiques effectivement menées par les États. La consommation de charbon plafonnerait en quelques années, celle de gaz d'ici à la fin de la décennie 2020 et celle de pétrole d'ici au milieu de la décennie 2030 [1]. Cette trajectoire conduirait à une réduction des émissions annuelles de CO_2 de 13 % en 2050 et une élévation des températures de 2,5° C à l'horizon 2100. L'effort est bien sûr encore très insuffisant. Car le Giec recommande de ne pas dépasser les 2° C, et même idéalement les 1,5° C. Pour cela, il faudrait que les émissions énergétiques de carbone baissent deux à trois fois plus [2]. Mais il faut avoir conscience du chemin parcouru. Comme l'expliquait le directeur de l'AIE, le monde va installer autant de renouvelables en cinq ans qu'il l'a fait au cours des vingt dernières années [3]. Le rythme de déploiement du bas carbone a donc été multiplié par quatre. Depuis

---

1. *Ibid.*, p. 21.
2. Rappelons que les émissions énergétiques de carbone représentent 60 % du pouvoir réchauffant de l'activité humaine et que pour éviter un dépassement de 2° C il faudrait que les émissions de carbone baissent de 50 % d'ici à 2050. Il faut donc que l'énergie contribue à hauteur de 30 % de réduction globale des émissions en 2050, soit un peu plus de deux fois plus que les 13 % tendanciels.
3. https://www.iea.org/news/renewable-power-s-growth-is-being-turbocharged-as-countries-seek-to-strengthen-energy-security

2015, les nouvelles politiques énergétiques et les progrès techniques ont effacé 1° C d'évolution tendancielle.

Le tableau est encore plus encourageant si l'on ne se base plus sur les politiques énergétiques aujourd'hui menées, mais sur les engagements pris par les États dans le cadre de l'Accord de Paris. S'ils étaient tous totalement respectés, la baisse des émissions globales de CO_2 serait de 66 % en 2050 et les températures n'augmenteraient que de 1,7° C en 2100. Mais, on le conçoit bien, il s'agit là d'un très gros « si ». Il est plus réaliste de penser que la trajectoire de décarbonation effective sera intermédiaire entre celle des politiques actuelles et celle des engagements climatiques officiels. Ce qui conduirait le secteur de l'énergie à faire baisser les émissions globales de 30 à 40 % en 2050 et mènerait à un réchauffement de plus de 2° C à la fin du siècle.

Pour que l'objectif idéal fixé par le Giec d'un réchauffement ne dépassant pas 1,5° C soit atteint, le rythme de déploiement des énergies bas carbone devrait être doublé dès aujourd'hui. En effet, les politiques projetées d'ici à 2030 cumuleront un investissement de l'ordre de 2 000 milliards de dollars [1]. Et il faudrait que ces investissements soient de 4 000 milliards pour ne pas dépasser les

---

1. *World Energy Outlook 2022*, International Energy Agency, p. 20.

1,5° C [1]. Avec cet objectif en ligne de mire, on peut dire que la transition énergétique actuelle est moitié trop faible ou moitié trop lente.

Bilan de la transition agricole

Elle est encore largement embryonnaire. Premièrement, la destruction des forêts primaires se poursuit inexorablement. À l'échelle globale, entre 2000 et 2019, les territoires forestiers ont presque cessé de reculer (–2,2 % en vingt ans) [2]. On peut donc dire que les engagements internationaux de reboisement (défi de Bonn de 2011 et déclaration de New York de 2014) visant à ralentir substantiellement le rythme global de la déforestation en 2020 (pour y mettre un terme en 2030), ont porté leurs fruits. En revanche, la situation des forêts tropicales est catastrophique. Depuis 2014, le rythme de destruction des forêts primaires s'est considérablement accéléré [3]. Au point que, selon une étude récente, la forêt amazonienne se rapprocherait d'un

---

1. *World Energy Outlook 2021*, International Energy Agency, p. 18.
2. Calcul de l'auteur à partir de FAO, *Statistical Yearbook, 2021*, p. 298.
3. https://planete.lesechos.fr/enquetes/plus-que-dix-ans-pour-sauver-les-forets-tropicales-809/#:~:text=Reprenant%20la%20cible%20du%20D%C3%A9fi,millions%20d'hectares%20pour%202030.

point de bascule qui la transformerait en savane [1]. Ce qui serait un cataclysme écologique planétaire. Concrètement, nous sommes en train de remplacer des forêts primaires qui rendent des services écosystémiques planétaires inestimables et abritent en particulier l'essentiel de la biodiversité mondiale, par des forêts artificielles principalement consacrées à la sylviculture. La qualité écologique de la forêt compte autant, si ce n'est davantage, que son étendue spatiale.

Deuxièmement, l'agroécologie, essentiellement pratiquée dans le cadre de l'agriculture biologique, est extrêmement minoritaire. Elle ne couvre aujourd'hui que 1,6 % des terres agricoles [2]. Elle a néanmoins bénéficié d'une dynamique favorable depuis le début du XXIe siècle, puisque entre 2004 et 2020, le nombre d'hectares consacrés à l'agriculture biologique a triplé [3]. Cette dynamique pourrait néanmoins être enrayée non seulement par le choc de la pandémie, mais aussi par l'expérience sri-lankaise. En effet, en avril 2021, le président du Sri Lanka a décidé de faire de son pays le premier

---

1. Chris A. Boulton, Timothy M. Lenton et Niklas Boers, « Pronounced loss of Amazon rainforest resilience since the early 2000s », *Nature*, 7 mars 2022.
2. Helga Willer, Bernhard Schlatter, Jan Travnicek, *The World of Organic Agriculture Statistics and Emerging Trends 2023*, Research Institute of Organic Agriculture FiBL IFOAM – Organics International, p. 39.
3. *Ibid.*, p. 72.

au monde à pratiquer une agriculture 100 % biologique. Il a pour cela interdit les engrais et les pesticides. Le véritable objet de l'opération était de cesser l'importation des intrants chimiques qui plombaient la balance commerciale du pays. Les agriculteurs sri-lankais ont dû faire du bio du jour au lendemain sans y avoir été formés et s'y être encore moins préparés. Ce fut une catastrophe : baisse des rendements, pénuries, flambée des prix, abandon de terres. Le gouvernement dut réintroduire les engrais en octobre 2021, mais le mal était fait. Non seulement dans le pays, mais aussi dans le reste du monde, où l'expérience a jeté (à tort) le discrédit sur l'agriculture biologique. Enfin, la crise énergétique liée à la guerre en Ukraine a achevé de fragiliser le bio. Parallèlement, l'emploi des engrais a littéralement explosé dans le monde, puisqu'il a augmenté de 37 % en vingt ans [1]. Seule évolution positive : depuis 2012, l'usage des pesticides n'augmente plus.

Enfin, la production de viande a bondi de 44 % depuis l'an 2000 et, comme nous l'avons vu, devrait encore augmenter de 40 % d'ici à 2050. La prise de conscience qui a lieu aujourd'hui dans les pays riches et y conduit à une réduction de la consommation de viande ne contrebalance pas l'essor de la demande de la part des pays émergents. Seule inflexion positive : si la consommation de poulet continue de

---
1. FAO, *op. cit.*, p. XII.

monter en flèche, depuis 2018, la production de viande bovine a nettement chuté.

Bilan de la transition industrielle

Pour l'heure, la transition industrielle n'existe pas. La quasi-totalité des ressources exploitées par l'humanité l'est encore de manière linéaire. Sur les 100 milliards de tonnes de matière qui alimentent actuellement l'économie mondiale chaque année, 8,6 milliards seulement proviennent de ressources recyclées [1]. Ce qui signifie, en entrée, que près de 92 % de nos ressources productives ont été prélevées sur l'environnement et, en sortie, que 61 % des ressources exploitées sont devenues des déchets (outre les ressources recyclées, une partie d'entre elles est intégrée de manière durable au stock de capital). Plus préoccupant encore, depuis 2017, le taux de prélèvement ayant crû plus vite que le taux de recyclage, la part des ressources réinjectées dans l'économie relativement au total a diminué. Elle est passée de 9,1 % à 8,6 %. On peut tout de même noter que l'essor de la capture du carbone à la source est en passe d'être massivement utilisé par certains pays pour réduire les émissions de gaz à effet de serre de l'industrie lourde. L'Allemagne s'est ainsi lancée dans un programme de captation

---

1. *The Circularity Gap Report 2022.*

susceptible à terme d'effacer 10 % de ses émissions industrielles [1].

Bilan de l'efficacité

Hors transitions énergétiques, agricole et industrielle, l'immense chantier de l'efficacité est celui de la performance thermique des bâtiments. Selon le dernier rapport de l'ONU sur l'état mondial des bâtiments et de la construction, « peu de changements structurels se sont encore produits dans le secteur […] en vue de réduire la demande d'énergie ou de réduire les émissions [2] ». On peut néanmoins dire que le chantier de l'efficacité énergétique des bâtiments est initié. L'immense majorité des parties prenantes à l'accord de Paris mentionnent le bâtiment dans leurs engagements nationaux et de plus en plus de pays se dotent de codes du bâtiment assortis de critères énergétiques. Et, surtout, depuis 2015, les investissements mondiaux annuels dans le domaine ont augmenté de presque 52 %. Mais c'est encore insuffisant pour réduire les émissions de carbone du secteur. Elles ont encore crû de 3 % en 2021 par rapport au pic de 2019. Selon

---

1. https://reporterre.net/L-Allemagne-va-stocker-du-CO2-sous-la-mer

2. Rapport sur l'état mondial des bâtiments et de la construction en 2022, « Vers un secteur des bâtiments et de la construction à émission zéro, efficace et résilient », p. IV.

l'Agence Internationale de l'Énergie, pour parvenir à la neutralité carbone en 2050, donc ne pas dépasser 1,5° C de réchauffement, il faudrait environ tripler l'effort actuel [1]. En se contentant de ne pas dépasser la barre des 2° C, il faudrait doubler l'effort actuel. De plus, plusieurs études récentes concordent pour relativiser les bénéfices de la rénovation énergétique [2]. Car elle se heurte de plein fouet à l'effet rebond. On ne progressera vraiment en matière d'efficacité qu'en combattant concomitamment ce dernier.

---

1. Dans son rapport *World Energy Outlook 2022*, l'AIE recommande de passer de moins de 1 % aujourd'hui de rénovations annuelles des bâtiments à 2,5 %, ce qui équivaut à peu près à tripler le rythme actuel. *World Energy Outlook*, op. cit., p. 152.

2. Cristina Penasco, Laura Diaz Anadon, « Assessing the effectiveness of energy efficiency measures in the residential sector gas consumption through dynamic treatment effects : Evidence from England and Wales », *Energy Economics*, vol. 117, janvier 2023 ; Gaël Blaise, Matthieu Glachant, « Quel est l'impact des travaux de rénovation énergétique des logements sur la consommation d'énergie ? Une évaluation ex-post sur données de panel », *La Revue de l'Énergie*, n° 646, septembre-octobre 2019 ; Meredith Fowlie *et al.*, « Do Energy Efficiency Investments Deliver ? Evidence from the Weatherization Assistance Program », *The Quaterly Journal of Economics*, vol. 133, n° 3, août 2018, p. 1597-1644.

Bilan de la sobriété

La sobriété économique se développe mais reste dans l'enfance. De plus en plus de citoyens se mobilisent effectivement dans le monde en faveur d'une consommation plus responsable. Le mouvement est si vaste et protéiforme qu'il est difficile de l'appréhender dans sa totalité. Il va des innombrables petits gestes anonymes du quotidien jusqu'aux non moins innombrables livres, blogs, tutos ou podcasts dédiés à la réduction de son empreinte écologique personnelle, en passant par le boom des applications mobiles de discipline écologique en Chine, le *shaming* stigmatisant systématiquement les comportements écocidaires des stars et des milliardaires sur les réseaux sociaux, les conversions au véganisme ou la vandalisation des SUV. Si ce mouvement est incontestablement en plein essor, il demeure encore minoritaire, et donc insuffisant pour faire une véritable différence à l'échelle globale. Même dans les pays développés, la plupart des gens n'ont pas fait entrer l'écologie dans leur vie. La sobriété légale et réglementaire demeure également anecdotique. C'est en matière de lutte contre le plastique qu'elle est la plus avancée. Nombre de pays ont pris des mesures d'interdiction du plastique à usage unique. Certaines législations, comme en France l'interdiction des vols intérieurs de moins de deux heures trente lorsqu'existent des lignes de train de substitution, ouvrent la voie à des politiques plus ambitieuses. Mais on ne trouve nulle part des mesures de portée générale d'interdiction des activités les moins vitales et les plus carbonées ou les plus consommatrices d'eau.

La cause de la sobriété démographique n'est guère plus avancée. En Occident, un mouvement de prise de conscience du lien entre procréation et environnement a vu le jour au début des années 2010 : celui des GINKs (Green Inclination No Kids). Des gens qui décident de ne pas avoir d'enfants pour des raisons écologiques. À vrai dire, le phénomène n'est pas nouveau. *La Bombe P*[1] (P pour population), le best-seller de Paul R. Ehrlich, incita dès les années 1970 des milliers de personnes à se faire stériliser pour lutter contre la surpopulation, jugée à l'époque responsable de la dévastation de la planète. Ce qui est nouveau, c'est l'étiquette GINK. Et le mouvement a repris des couleurs avec la prise de conscience écologique des dernières décennies. Mais, même si les GINKs ont eu les honneurs des gazettes un peu partout dans le monde, ils demeurent très minoritaires. Ils sont d'ailleurs regardés comme des bêtes curieuses. Même en Occident, la question écologique est encore peu prise en compte dans la décision d'avoir ou non un enfant. Les pays du Sud, en revanche, ont parfaitement conscience des risques engendrés

---

1. Paul R. Ehrlich, *La Bombe P*, Fayard, 1972.

par l'emballement démographique. 70 % d'entre eux tentent de mener des politiques dénatalistes [1]. Mais, faute de moyens et confrontées à la rigidité des mentalités, ces politiques sont peu efficaces.

Enfin, en marge de la catastrophe qu'est la poursuite de la déforestation tropicale, on peut observer l'émergence d'une certaine sobriété spatiale à l'échelle globale. En effet, même si cela ne procède pas d'une démarche volontaire, entre 2000 et 2020, les surfaces agricoles mondiales ont diminué de 3 % [2]. De son côté, l'idée de freiner l'étalement urbain commence à émerger. La France a ainsi mis en œuvre une législation pionnière, le zéro artificialisation nette. En vertu de cette règle, à l'horizon 2030, le rythme d'artificialisation devra être divisé par deux par rapport à la décennie 2010-2020 et, en 2050, toute artificialisation devra être compensée par une restitution de terrain, à due concurrence, soit à l'agriculture, soit à la nature. La sobriété spatiale n'est donc plus un vœu pieux. Mais elle demeure une idée neuve.

---

1. En 2015, tous les pays à fort taux de fécondité (plus de 5 enfants par femme) et 64 % des pays ayant un taux de fécondité intermédiaire (entre 2,1 et 5 enfants par femme) menaient des politiques dénatalistes, soit quatre-vingt-trois pays sur cent dix-huit (70 %) : ONU, *World Population Policies 2015 : Highlights*, 2018, p. 15.

2. FAO, *Land Statistics and Indicators, Global, regional and country trends, 2000-2020*, 2021.

Bilan global

Retour à la question initiale : pourquoi n'agissons-nous pas ? La première réponse à apporter à cette question est qu'il est faux de dire que nous n'agissons pas. Nous agissons, mais encore bien trop peu et bien trop lentement. Pourquoi ? D'abord, nous l'avons vu, parce que c'est très compliqué. Le cas de la couche d'ozone est parfois évoqué pour prouver le contraire. Effectivement, lorsque le trou dans la couche d'ozone (qui protège les êtres vivants des rayons ultraviolets du soleil) fut découvert en 1985, la communauté internationale réagit rapidement. Dès 1987, le protocole de Montréal fut ratifié par de nombreux pays pour interdire les gaz responsables de la déplétion de l'ozone atmosphérique (principalement les CFC et les halons). Aujourd'hui, tous les pays du monde ont signé le protocole de Montréal et l'émission de 98,6 % des SAO (substances appauvrissant la couche d'ozone) a cessé. Le trou ne s'agrandit plus. Il commence même à se résorber. Une action exemplaire. Mais possible uniquement parce que les substances incriminées ne faisaient l'objet que d'utilisations industrielles ciblées et étaient facilement substituables [1]. Exactement le contraire de ce qui caractérise les causes du réchauffement climatique… Les gaz à effet de serre qui provoquent

---

1. https://www.insu.cnrs.fr/fr/cnrsinfo/35-ans-du-protocole-de-montreal-quel-bilan

l'augmentation des températures sont émis par l'ensemble de l'économie. Quant à substituer des procédés non émetteurs, nous avons vu ce qu'il en était. En conséquence, contrairement à ce qui a été fait avec le protocole de Montréal, pas évident de simplement se réunir autour d'une table pour dire stop. L'exemple de la couche d'ozone permet de comprendre pourquoi aujourd'hui l'action n'est pas seulement affaire de prise de conscience et de volontarisme politique. Le défi à relever est autrement plus technique. Et cette difficulté technique engendre directement l'autre grande raison pour laquelle nous n'agissons pas assez et pas assez vite : le système est grippé.

III

Obstacles politiques, économiques et sociaux : les verrous systémiques

Qu'appelle-t-on les verrous systémiques ? Pour répondre à la question, retour à l'autocritique. Dans mon précédent livre, *L'Effondrement (du monde) n'aura (probablement) pas lieu*, j'identifiais deux grandes causes possibles d'effondrement de notre civilisation thermo-industrielle : l'environnement et la complexité.

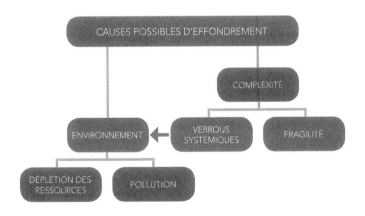

L'environnement à cause, d'une part, de la déplétion des ressources et, d'autre part, de la pollution (en particulier la pollution atmosphérique aux gaz à effet de serre qui engendre le réchauffement climatique). Quant à la complexité, il s'agit de celle de la civilisation industrielle et globalisée. Le système économique mondial est d'une extrême complexité. Derrière chaque brosse à dents, il y a un monde de production et de traitement de matières premières, d'organisation logistique et de réglementation juridique ; derrière chaque brosse à dents, il y a l'industrie énergétique, l'industrie pétrochimique, l'industrie bucco-dentaire et la grande distribution. Des tonnes d'eau et de matière, des centaines de pages de contrats et des dizaines de milliers de personnes, d'un bout à l'autre du globe, aux fonctions hyperspécifiques, dépendantes les unes des autres.

Or, comme l'environnement, cette complexité fait courir deux risques distincts à notre civilisation. Le premier est un risque de fragilité. Plus une mécanique est complexe, plus elle est fragile. Une montre à gousset est plus vulnérable qu'une enclume. Cela s'applique au système-monde. Nous expérimentons sa vulnérabilité tous les jours. C'est parce que le monde est extrêmement intégré et interdépendant, en un mot extrêmement complexe, que la faillite d'une banque américaine peut engendrer une crise planétaire ou que la guerre en Ukraine produit des effets en Asie, en Afrique et en Amérique. Un équivalent socioéconomique de l'effet papillon, en vertu duquel un battement d'ailes de papillon, peut provoquer une tempête à des milliers de kilomètres. J'ai néanmoins tenté de démontrer dans mon précédent essai que, si la complexité fragilisait le monde, elle lui conférait aussi, parallèlement, une extraordinaire résilience. La vulnérabilité du système a bien engendré la crise des *subprimes* en 2008 et celle de la Covid en 2020. Mais sa résilience lui a permis de rebondir comme si de rien n'était dès 2009 et 2021.

En revanche, dans mon livre, je n'avais pas traité de l'autre risque engendré par la complexité. Pourtant le plus problématique, au regard de la menace causée par la crise environnementale… Cet autre risque est l'ingouvernabilité. Plus un système se complexifie, moins les parties qui le composent ont de prise sur son évolution globale. Plus un système se complexifie, plus son évolution s'autonomise de la volonté de ses composantes. Ces dernières sont emportées dans une dynamique dont elles ne sont que l'un des rouages et qui leur échappe. *In fine*, la dynamique d'un système complexe est une propriété émergente de ce système. Cette règle s'applique parfaitement au monde. Sa complexification l'a rendu à la fois inintelligible et ingouvernable. Personne ne peut plus aujourd'hui prétendre bien comprendre le cours des choses et encore moins le diriger. C'est ce qui fait le lit du complotisme. L'idée que le monde soit incompréhensible et incontrôlable étant insupportable, il est plus facile de s'en remettre à des simplifications et d'hypothétiques machinations. Au moins, grâce au complot, on a une explication et on sait qui tire les ficelles. Sans lui, il faut admettre que le monde actuel soit à la fois non gouverné et non gouvernable. Ce qui est lourd de conséquences pour l'avenir. Car si le monde est ingouvernable, il n'est pas non plus réformable. Et s'il n'est pas réformable, pas de transition environnementale possible. Selon ce schéma, si la complexité peut être une cause d'effondrement de la civilisation thermo-industrielle, ce n'est pas directement parce qu'elle fragilise le système global, mais indirectement parce qu'elle interdit de réagir aux menaces globales, au premier rang desquelles figure le réchauffement climatique. Dans la lutte contre ce dernier, l'action est bloquée à tous les niveaux : celui de l'individu, de l'entreprise, de l'État. Autant de verrous systémiques, le principal d'entre eux étant le verrou démocratique.

Verrou individuel

Commençons par une évidence, l'action écologique individuelle pour les populations pauvres des pays pauvres est une vue de l'esprit. En matière de lutte contre le réchauffement climatique, cette action est inutile puisque ces populations n'émettent pas ou presque pas de gaz à effet de serre. Il en va de même pour l'eau, à laquelle elles ont un accès très limité. Les agricultures traditionnelles n'irriguent pas. Et elles polluent peu, puisqu'elles n'utilisent pas ou presque pas d'intrants chimiques. Pour autant, l'activité des populations pauvres des pays pauvres a globalement un impact géophysique. Ainsi, l'agriculture vivrière pratiquée par les petits paysans est responsable du tiers de la déforestation mondiale (très exactement 33 %[1]). C'est une déforestation de survie. Faute d'autres sources de revenus, les paysans pauvres n'ont d'autre choix que de compter sur les ressources forestières. Par ailleurs, on sait que 88 à 95 % du plastique que l'on retrouve dans les océans proviennent d'une dizaine de pays en développement dépourvus de systèmes performants de collecte et de gestion des déchets[2]. Quand il n'y a pas de poubelles ou qu'il s'agit de décharges à ciel ouvert, difficile de se discipliner individuellement pour ne pas répandre ses déchets dans la nature... Enfin, indigence rime avec surpopulation. Dans les pays les moins développés, comme c'était le cas autrefois aussi en Europe, avoir des enfants est la seule richesse des pauvres.

---

1. Noriko Hosonuma *et al.*, « An assessment of deforestation and forest degradation drivers in developing countries », *Environmental Research Letters*, 8 octobre 2012.

2. Philippe Bolo, Angèle Préville, *Pollution plastique : une bombe à retardement ?*, Rapport de l'Office parlementaire d'évaluation des choix scientifiques et technologiques, 2020, p. 84.

Quand on a besoin de main-d'œuvre dans les champs et qu'il n'y a pas de sécurité sociale, avoir des enfants, c'est produire son salariat et assurer sa retraite. Un modèle traditionnel par ailleurs solidement soutenu par le patriarcat et la religion. Sans éducation ni développement économique, difficile d'attendre une modération démographique des populations à fort taux de fécondité.

C'est bien sûr pour les riches (riches des pays pauvres et populations des pays riches) que la question de l'action écologique individuelle se pose avec le plus d'acuité. Car ce sont eux qui prélèvent l'essentiel des ressources naturelles et polluent le plus. Mais, là encore, cette action n'a rien d'une évidence et sa portée est limitée. Il faut en effet avoir les moyens de rendre son mode de vie écologique. Les moyens au sens large du terme, que l'on peut diviser en trois catégories : il faut avoir du temps, de la vertu et de l'argent. Du temps parce que verdir son mode de vie nécessite d'en prendre pour réfléchir à la question et mettre en œuvre les actions choisies. Du temps aussi parce que vivre de manière plus écologique est susceptible d'en faire « perdre ». On peut par exemple « perdre » du temps à chercher des produits reconditionnés plutôt que d'acheter du neuf, à composter ses déchets, à moudre son café ou à participer à un covoiturage plutôt que de prendre seul son véhicule personnel. Beaucoup de gens, pris dans le tunnel professionnel et familial de leur quotidien, n'ont pas ce temps. Il faut aussi de la vertu pour tâcher d'agir sur son empreinte environnementale. Il y a une dimension morale à cette action, car elle suppose de lui accorder de la disponibilité mentale. Vertu encore, car verdir sa vie implique aussi de renoncer à un certain nombre de choses. Devenir végétarien demande de renoncer au plaisir d'un bon steak. Et passer au flexitarisme réclame au moins de s'en priver de temps en temps. Vertu toujours, car ces sacrifices peuvent paraître inutiles dans l'océan de pollution qui nous entoure. Agir individuellement suppose de ne pas se laisser décourager par son insignifiance personnelle ; de ne pas trop souvent se demander : « Mais qu'est-ce que cela peut bien changer que je prenne l'avion pour ce trajet ? » Enfin, et là réside sans doute l'obstacle le plus problématique, il faut aussi souvent avoir les moyens économiques d'alléger son bilan écologique. Il faut avoir les moyens d'acheter du bio, des habits qui ne viennent pas de Chine et un vélo électrique. Même les investissements écologiques supposés être rentables à la longue, comme la rénovation thermique, le remplacement d'une chaudière thermique par une pompe à chaleur ou d'une voiture à essence par une voiture électrique, nécessitent un investissement initial que ne peuvent pas se permettre les ménages les plus modestes. Sans que la rentabilité annoncée au départ soit par ailleurs garantie.

Non seulement il faut avoir les moyens d'agir individuellement, mais cette action a forcément une portée limitée. Il est bien sûr envisageable de réduire à presque rien son empreinte environnementale personnelle en se coupant complètement de la société, c'est-à-dire en adoptant un mode de vie marginal. Mais, dès lors que l'on ne renonce pas à une vie socialement intégrée, les efforts individuels ont forcément un impact bien plus faible. Comme nous l'avons vu, les seules infrastructures et services publics représentent déjà 15 % de l'empreinte carbone individuelle d'un Français. Il suffit de marcher sur un trottoir, de prendre le bus, de mettre ses enfants à l'école et d'aller à l'hôpital pour déjà partir avec un handicap de 1,4 tonne de CO_2 par an. Sur cette base, nombreux sont ceux qui ont tenté l'expérience d'une réduction drastique de leur empreinte écologique et en ont rendu compte. C'est le cas par exemple du journaliste Lucas Scaltritti avec son podcast *Super Green Me*. Au prix d'efforts importants, il est parvenu à diviser par deux son bilan carbone. C'est colossal. Un résultat correspondant à ce que le think tank Carbone 4 qualifie d'effort « héroïque ». Dans son étude « Faire sa part », Carbone 4 a en effet calculé qu'il était théoriquement possible de réduire individuellement de 45 % ses émissions de gaz à effet de serre [1]. De 25 % par des changements significatifs

---

1. https://www.carbone4.com/publication-faire-sa-part

de comportement (devenir végétarien, privilégier le vélo, ne plus prendre l'avion). Et de 20 % supplémentaires en réalisant des investissements tels que la rénovation thermique de son habitat, le changement de sa chaudière ou le remplacement d'une voiture thermique par une voiture électrique. – 45 %, c'est considérable, puisqu'il faudrait réduire les émissions des Français de 80 % d'ici à 2050 pour respecter l'Accord de Paris. L'action individuelle permettrait ainsi de parcourir plus de la moitié du chemin. Mais, dans le même temps, Carbone 4 explique très clairement que ce gain est peu réaliste car il correspond à un engagement personnel « héroïque », comme celui de Lucas Scaltritti. De manière réaliste, on ne peut pas attendre des individus plus de 20 % de baisse de l'empreinte carbone par tête. Un quart du chemin à parcourir. Les trois autres quarts relèvent des structures du système économique.

Triple conclusion. Premièrement, l'action individuelle est verrouillée par des facteurs culturels, sociologiques, psychologiques et économiques. Elle représente un véritable effort. Deuxièmement, si l'action individuelle est loin d'être négligeable, elle est aussi loin d'être suffisante. Troisièmement et par voie de conséquence, l'action individuelle dépend grandement de la puissance publique et de l'offre économique. De la puissance publique à deux égards. D'abord parce que l'individu a souvent besoin d'être contraint à l'action. Ainsi, la plupart des propriétaires bailleurs n'investiront pas spontanément dans la rénovation thermique des logements de leurs locataires avant d'y être obligés légalement. Compter sur la vertu individuelle est le meilleur moyen pour que rien ne se passe. Ensuite, l'offre de service public est déterminante pour inciter à l'action individuelle. Je peux plus facilement renoncer à l'avion s'il y a des trains. Ce qui fait la jonction avec la question de l'offre économique globalement. Plus il y aura de biens et de services verts et plus ils seront accessibles, plus l'action individuelle sera simplifiée. Réduire sa consommation de plastique est par exemple une gageure quand les étals des supermarchés en sont pleins… Mais les entreprises sont-elles prêtes à se verdir ?

Verrou d'entreprise

En septembre 2022, Yvon Chouinard, le fondateur de la marque de vêtements d'extérieur Patagonia, a estomaqué le monde en annonçant que la totalité des bénéfices de son entreprise serait dorénavant consacrée à la protection de l'environnement [1]. Un buzz qui fut à la mesure de la rareté de l'événement. En effet, la presse se fait d'habitude l'écho de révélations diamétralement opposées. De

---

1. https://www.numerama.com/sciences/1113190-la-terre-est-notre-unique-actionnaire-le-patron-de-patagonia-legue-tout-a-une-ong.html

BMW et Volkswagen [1] à TotalEnergies en passant par CMA CGM [2], on n'entend parler que d'entreprises qui freinent la transition autant qu'elles le peuvent. Faut-il s'en étonner ? Bien sûr que non ! Car il ne faut pas oublier ce qu'est une entreprise. Nous l'avons déjà dit, une entreprise est une machine à faire du profit. C'est tout. Elle n'a pas à faire du social, pas plus que de l'écologie. Elle peut éventuellement en faire, par hasard, lorsqu'elle est dirigée par un patron philanthrope, éclairé et visionnaire comme Yvon Chouinard. Ce dernier est un cygne blanc économique : un événement positif rare et imprévisible. Mais les cygnes blancs ne s'élèvent pas en batteries. Ces cas ne peuvent être la norme. Patagonia est l'exception qui confirme la règle. Encore une fois, on ne peut pas compter sur la vertu des capitaines d'industrie pour changer la matrice économique. Hors hypothèse du cygne blanc, pour que l'entreprise se verdisse, il faut soit qu'elle y soit contrainte, soit qu'elle y soit incitée. Théoriquement, elle peut y être contrainte par trois acteurs : ses financeurs, ses clients, la puissance publique. En pratique, il faut rayer les financeurs de la liste. Car leur rationalité

---

1. https://www.lemonde.fr/planete/article/2021/07/08/pollution-bmw-et-volkswagen-se-voient-infliger-875-millions-d-euros-d-amende-par-l-ue-pour-entente_6087556_3244.html

2. https://www.lemonde.fr/les-decodeurs/article/2023/03/24/l-echec-du-bilan-carbone-obligatoire-symbole-du-mepris-des-enjeux-climatiques_6166785_4355770.html

est aussi la maximisation du profit. À moins qu'elle n'y soit elle-même contrainte, une banque ne prête pas pour verdir un business. Elle prête parce qu'elle est elle-même une entreprise dont le but est le profit. Idem pour les actionnaires. Ce qu'ils attendent, ce sont des dividendes et une augmentation de la valeur de l'entreprise. Si ces derniers flanchent parce que l'entreprise entreprend un plan de décarbonation ou abandonne des marchés polluants, les actionnaires iront chercher ailleurs un meilleur retour sur investissement. Restent donc les clients et la puissance publique. En théorie, le pouvoir des clients est très fort. En pratique, il est très faible. Il faut distinguer deux types de clients : les clients professionnels (eux-mêmes des entreprises) et les clients particuliers. Les premiers sont dans la même situation que l'entreprise dont ils sont clients. Leur rationalité est l'optimisation économique. Hors hypothèse de la vertu encore une fois, on ne peut pas attendre d'eux un boycott des biens et services polluants si ces derniers demeurent moins chers que les biens et services verts. Ils n'ont aucune raison économique d'exercer leur pouvoir de pression pour verdir leurs entreprises prestataires. Au contraire, même, puisque la transition des prestataires aura tendance à augmenter le prix de leurs services. Ne restent plus que les clients particuliers. Ceux-là, étant des êtres moraux et non exclusivement économiques, peuvent tenter de faire pression pour verdir les biens et les services.

Mais ce pouvoir théorique se heurte à deux obstacles majeurs. Primo, le pouvoir des consommateurs, parfois appelés consommacteurs par militantisme, est totalement atomisé. Je peux boycotter les vêtements de chez Shein, mais si je suis tout seul à le faire, cela ne va pas aller bien loin… Secundo, le pouvoir théorique du consommateur se heurte de plein fouet au verrou systémique de l'action individuelle plus haut décrit : pour être un consommacteur, il faut en avoir les moyens en temps, en disponibilité mentale, en motivation, en argent, etc. La machine des verrous systémiques commence à se refermer. Le verrou de l'action individuelle contribue au verrou de la transition d'entreprise. Face à ce blocage, la puissance publique est le dernier recours pour imposer la transition aux entreprises. Un dernier recours à la portée elle aussi limitée, puisque, tout comme les entreprises, les territoires et les États sont en concurrence (nous y reviendrons). Imposer des normes écologiques trop drastiques aux acteurs économiques, c'est s'exposer au risque de les voir partir ailleurs. L'efficacité de la norme s'arrête au seuil de la délocalisation.

Parallèlement à la contrainte, l'autre raison pour une entreprise de verdir son activité est d'y être incitée économiquement. C'est-à-dire d'y trouver son intérêt. Il n'est plus alors question de lui tordre le bras. Elle poursuit avec sa logique naturelle de rentabilité. Mais il y a adéquation entre raison économique et raison écologique. Seules les forces du marché peuvent inciter économiquement l'entreprise à pivoter de la sorte. Qu'appelle-t-on les forces du marché ? Tout ce qui fait qu'à un moment donné il devient profitable d'avoir une activité plus écologique que par le passé. Soit parce que cela réduit les coûts. Soit parce que cela génère de nouveaux profits. Dans ce dernier cas de figure, l'entreprise verdit son activité pour conquérir de nouveaux marchés devenus rentables. Par exemple, TotalEnergies n'a pas misé sur le gaz pour décarboner son bilan, mais parce que l'exploitation du pétrole est de moins en moins rentable. Le problème, c'est que le marché n'est pas un cheval de trait. Difficile de le piloter. Son évolution est le fruit d'un cocktail de normes, de paris sur l'avenir, d'investissements, d'innovations et de modes de consommation.

Conclusion : la logique d'entreprise est un énorme verrou systémique. Elle concentre une grosse part du verrou économique. Il peut paraître cynique de le dire, mais, hors contraintes véritables et évolutions significatives de marché, le *greenwashing* est la réponse rationnelle du secteur marchand à la préoccupation environnementale. Il permet d'avoir le beurre et l'argent du beurre : de conserver la rentabilité des activités polluantes tout en soulageant les consciences écologiques pour conserver sa clientèle. Face à cela, la puissance publique semble l'acteur qui est le plus en capacité de changer les choses, le plus à même de faire sauter le verrou entrepreneurial. Mais le peut-elle vraiment ?

Verrou politique

Tous les niveaux d'action publique sont intrinsèquement limités et politiquement verrouillés.

Verrou local

Lorsque Donald Trump annonça le retrait des États-Unis de l'Accord de Paris en 2017, des milliers de maires de villes américaines et des gouverneurs d'États fédérés se joignirent au mouvement de protestation *We are still in* (nous sommes toujours dedans). Par-delà la symbolique politique du slogan, les pouvoirs locaux peuvent-ils agir pour transitionner ? Remarquons d'emblée que cette action est forcément à géométrie très variable parce que la notion de pouvoir local est un fourre-tout qui englobe toutes les collectivités publiques infra-étatiques. Quoi de commun en termes de capacité d'action entre un État Américain et un comté Américain ? De plus, d'un pays à l'autre, des pouvoirs locaux de rang comparable peuvent ne pas du tout être dotés des mêmes moyens d'action : un État fédéré américain a bien plus de pouvoir qu'une région française. Dernière remarque : le pouvoir local est forcément plus limité que le pouvoir national. Il n'a que marginalement la main sur des domaines aussi clefs que l'énergie, les grandes infrastructures de transport ou les normes industrielles et sanitaires. Il vient donc en général en appui de politiques étatiques. Autrement dit, son action dépend en grande partie de celle de l'État. Cette interdépendance de l'action locale et de l'action nationale a récemment été illustrée en France par le débat sur les « zones à faible émission mobilité » (ZFE-m). Alors que les grandes agglomérations sont invitées à faire des centres-villes des ZFE-m au sein desquelles les véhicules les plus polluants sont interdits, de nombreuses voix ont dénoncé l'insuffisance des dispositifs nationaux d'aide à l'abandon de ces véhicules.

Malgré cette limitation intrinsèque, la capacité d'action autonome du pouvoir local peut encore s'avérer importante [1]. Pour reprendre l'exemple américain, les États fédérés peuvent accélérer la transition en durcissant les normes de décarbonation, comme l'a par exemple fait l'État de New York. Mais cette capacité d'action demeure grandement théorique, car elle se heurte au verrou politique. C'est-à-dire à la nécessité pour les décideurs

---

1. Pour une approche académique du sujet, voir Elinor Ostrom, « Nested externalities and polycentric institutions : must we wait for global solutions to climate change before taking actions at other scales ? », *Springer*, février 2012.

d'arbitrer des intérêts divergents. En l'occurrence, d'arbitrer entre raison écologique et raison économique. Le durcissement des normes de décarbonation dans l'État de New York peut entraîner la fermeture des activités charbonnières. Ou provoquer des délocalisations. Car, comme les entreprises, les territoires sont en concurrence. Et qui dit fermeture ou délocalisation dit chômage. Il faut assumer cela politiquement. Un autre débat français récent illustre à merveille cette problématique. Celui du zéro artificialisation net (ZAN) que nous avons déjà rencontré. Pour mémoire, l'objectif fixé par la loi est de ne plus artificialiser les sols en France en 2050, avec une réduction de moitié du rythme d'artificialisation dès 2030. Le ZAN pose aujourd'hui un problème majeur aux élus locaux qui ne savent pas comment rendre leurs territoires attractifs et faire du développement local sans plus pouvoir artificialiser les sols. Dans ces conditions, loin d'accélérer la transition, le pouvoir local a plutôt tendance à la remettre en question et la freiner. Une problématique que l'on retrouve évidemment à l'échelon national.

Verrou national

Tous les pays sont politiquement verrouillés, qu'ils soient développés ou en développement. Les premiers doivent arbitrer entre, d'un côté, le pouvoir d'achat et l'emploi et, de l'autre, l'écologie.

Jamais la contradiction entre pouvoir d'achat et écologie n'aura été aussi flagrante qu'en 2022. En effet, jamais les énergies fossiles n'auront été autant subventionnées que cette année-là. En 2022, les États ont dépensé 1 000 milliards de dollars, soit le double de l'année précédente, pour protéger les consommateurs de la flambée des prix de l'énergie alimentée par la guerre en Ukraine. Entre le niveau de vie de leurs populations et les émissions de carbone, les États ont choisi…

En ce qui concerne l'emploi, ce qui se joue à l'échelon local se retrouve évidemment à l'échelon national. L'écologie fait peser sur le marché du travail le double risque des délocalisations et des destructions d'activité. Côté délocalisations, le dumping écologique est venu se superposer au classique dumping social. Dans un monde ouvert, les pays les plus écologiquement vertueux s'exposent directement à la concurrence des pays les moins regardants en la matière. D'autant plus violemment que ces pays sont aussi ceux dont la main-d'œuvre est la moins chère. Dans ce cas de figure, une action écologique unilatérale aboutit à un résultat « perdant-perdant ». Perdant sur le plan économique et humain. Mais aussi perdant sur le plan écologique. Car une délocalisation ne fait pas disparaître la pollution, elle ne fait que la déplacer. Elle l'aggrave même, puisque, d'une part, les activités ont tendance à se relocaliser dans les pays où les normes environnementales sont les moins strictes et, d'autre part, leur éloignement démultiplie la pollution liée à la logistique et au transport. Selon ce schéma, sans coordination entre pays, il vaut mieux y réfléchir à deux fois avant d'agir. Voilà un beau verrou.

Heureusement, l'action écologique nationale n'engendre pas toujours des délocalisations. Mais, quand ce n'est pas le cas, elle peut conduire à l'arrêt de certaines activités, donc à des destructions d'emplois. Pour remédier à ce phénomène, l'argument économique invoqué est que les activités vertes ont le potentiel de générer autant d'activité qu'elles en détruisent. C'est peut-être vrai. Mais les gens ne sont pas des pions que l'on peut déplacer d'un emploi à un autre. C'est tout le problème des plans sociaux, des reconversions et de la formation professionnelle. Il n'y a bien sûr aucun automatisme et les frictions, pour parler froidement de drames humains, sont fortes. Une étude du Centre d'études prospectives et d'informations internationales (CEPII) anticipe ainsi qu'en France la transition verte pourrait avoir le même effet sur l'emploi que la désindustrialisation étant intervenue depuis 1997 [1]. Dans ces conditions, l'action écologique est d'autant moins acceptée par les opinions publiques que la part de chaque pays dans

---

1. Axelle Arquié, Thomas Grjebine, « Vingt ans de plans sociaux dans l'industrie : quels enseignements pour la transition écologique ? », *La Lettre du CEPII*, n° 435, mars 2023.

la crise environnementale paraît minime. Ainsi, la France ne génère que 1 % des émissions mondiales de gaz à effet de serre. Que d'efforts et de sacrifices pour 1 % ! peut-on penser. Même la décarbonation projetée à l'échelle de l'Union européenne semble marginale pour régler le problème climatique puisque les émissions des pays membres représentent moins de 10 % des émissions mondiales. Pourquoi chercher à remporter un prix de vertu alors que ce n'est pas nous qui polluons et que les autres ne s'embarrassent pas tant, peut-on se demander...

Les pays en développement ont le même problème. Il leur faut arbitrer entre le développement et l'écologie. Or, bien sûr, le développement est toujours prioritaire. Car c'est lui qu'attendent les populations, pas le verdissement des activités. Comme nous l'avons vu, la première préoccupation écologique des pays en développement est de nature sanitaire. Améliorer la qualité de l'eau et de l'air. Le reste est secondaire. La politique écologique chinoise est emblématique de cette hiérarchisation des priorités des puissances émergentes. Après l'épisode d'airpocalypse de 2013, les autorités de Pékin ont pris des mesures drastiques pour réduire la pollution aux particules fines dans les villes. Et cela a fonctionné puisque, entre 2013 et 2018, leur taux a chuté de 40 %. Durant cette période, Pékin a aussi fermé des usines polluantes. De plus, depuis quarante ans, la Chine a entrepris de reboiser tout le nord du pays pour endiguer la progression du désert de Gobi. Cette « grande muraille verte » est la plus grande forêt artificielle du monde. La Chine s'est enfin récemment intéressée au réchauffement climatique en organisant la promotion de la voiture électrique et en annonçant atteindre la neutralité carbone en 2060. Mais l'analyse de la politique énergétique chinoise montre bien que la priorité de Pékin demeure la maximisation du PIB. Car la Chine est à la fois le plus gros investisseur du monde dans les énergies bas-carbone (photovoltaïque, éolien, hydroélectrique, nucléaire) et le plus gros investisseur du monde dans le charbon ! Parce que le développement est pour eux prioritaire, il est illusoire d'imaginer que les pays émergents renoncent à leurs gisements fossiles ou même à leurs ressources biologiques. Le pétrole rapporte gros, renoncer à l'exploiter ne rapporte rien. Le calcul est vite fait… C'est bien pour cela que le Nigeria exploite Egina, un gisement de pétrole en offshore profond, ou que l'Ouganda et la Tanzanie ont donné leur accord au projet Tilanga EACOP que nous avons déjà rencontré. De fait, les deux tiers des 425 « bombes carbone » que compte le monde, soit les projets d'extraction de charbon, de pétrole et de gaz capables de générer plus d'un milliard de tonnes de CO_2 durant leur temps d'exploitation, sont en Chine, en Russie, au Moyen-Orient et en Afrique du Nord. Les pays en développement ne comprennent même pas que l'on vienne aujourd'hui leur demander de s'asseoir sur leurs ressources nationales. Encore moins venant des pays riches, responsables de 80 % des émissions historiques et qui ont intégralement assis leur développement sur les fossiles ! Et ce sont ces réalités nationales qui structurent également l'échelon international.

Verrou international

L'échelon international n'existe pas. Plus précisément, on ne peut pas le considérer comme un véritable espace de décision environnemental autonome du cadre étatique. Certes, des accords internationaux peuvent être conclus et l'ont été : l'Accord de Paris de 2015 pour limiter le réchauffement climatique et l'Accord de Montréal de 2022 pour protéger la biodiversité. Mais ils ne sont pas contraignants. Leur respect repose sur la bonne volonté des États. Seul le protocole de Montréal relatif à la protection de la couche d'ozone l'est. Il prévoit un suivi des engagements pris et des sanctions financières à l'encontre des États signataires qui y contreviendraient. Mais nul ne peut obliger un État à payer une amende. C'est pourquoi la sanction la plus opérante du protocole est sans doute l'interdiction du commerce des gaz nuisibles à la couche d'ozone et des biens produits en les utilisant. Une telle sanction retire tout intérêt à la poursuite de leur utilisation. Mais rien de tel n'existe en matière de lutte contre le réchauffement climatique et l'effondrement de la biodiversité. Ce qui n'a rien d'étonnant. Si le protocole de Montréal est contraignant, c'est parce que les États l'ont bien voulu. Les États ne sont liés que par les lois qu'ils se fixent. En l'occurrence, pour les raisons qui constituent le verrou politique national, ils ne veulent pas être liés à des objectifs de décarbonation ou de protection du vivant. Le verrou international est la conséquence directe du verrou national. Les États sont souverains. Ce qui est lourd de conséquences. D'abord, ils fixent eux-mêmes leurs engagements écologiques. Ensuite, ces engagements sont purement déclaratifs. Nul ne peut leur imposer de les respecter. Et plus généralement, aucune force ne peut contraindre un État souverain à sauvegarder ses forêts ou à ne pas exploiter un gisement pétrolier. Résultat : le *Production Gap Report* évalue que la production d'énergie fossile aujourd'hui programmée par les États excède de 45 % ce qu'il faudrait qu'elle soit pour ne pas dépasser les 2° C de réchauffement et de 110 % pour ne pas dépasser 1,5° C [1]... Par-delà les grandes déclarations, la politique écologique mondiale réelle n'est que l'addition des politiques écologiques nationales.

L'ensemble des verrous ci-dessus décrits s'engendrent et se renforcent. Et leurs caractéristiques communes forment un super-verrou systémique global.

---

1. *The Production Gap*, 2021 Report, p. 4.

Verrou global

À tous les niveaux, les situations conduisant aux verrous susdécrits obéissent à des ressorts communs. Ce qui permet de changer de perspective en considérant que leur interdépendance forme un super-verrou global. L'identification des caractéristiques de ce verrou global permet aussi d'en faire une analyse systémique transversale pour comprendre comment le faire sauter.

Caractéristiques communes aux verrous systémiques

On peut en dénombrer cinq. Premièrement, le pouvoir d'agir est atomisé entre un très grand nombre d'acteurs. Un très grand nombre d'individus, d'entreprises, de territoires, d'États. Donc chacun des acteurs, même les plus gros, ne peut contribuer qu'à une fraction de la solution. Ce qui engendre ce que l'on peut appeler un aléa moral : l'idée que son action individuelle ne changera rien ou pas grand-chose n'incite pas à agir. C'est particulièrement vrai pour les individus. Mais, comme nous l'avons vu, cela joue même à l'échelle des États. De plus, l'atomisation du pouvoir d'agir rend particulièrement difficile la coordination de l'action. Il est évidemment plus facile de s'entendre à quelques-uns qu'à des milliards.

Deuxièmement, tous les acteurs concernés, à toute échelle, sont libres. L'individu est aujourd'hui libre d'alléger son empreinte écologique ou non. Les entreprises le sont aussi encore dans une large mesure, surtout les multinationales qui peuvent disperser leurs activités un peu partout sur le globe. Les territoires sont libres d'appuyer ou d'accentuer les politiques nationales. Enfin, les États sont libres de leurs politiques environnementales. Il n'existe pas d'ensemblier, de coordonnateur global. L'action repose exclusivement sur la bonne volonté des uns et des autres.

Troisièmement, l'action de chacun dépend de l'action des autres. Mon action individuelle dépend de l'action des autres individus car (encore une fois) être seul à agir n'incite pas à le faire. Ce qui renvoie aussi au problème de l'atomisation du pouvoir d'action. Mais l'action individuelle dépend aussi, et même surtout, des structures économiques et publiques, donc de l'action des entreprises et des pouvoirs publics. L'action des entreprises dépend quant à elle de celle de ses financeurs, qu'il s'agisse des banques ou de ses actionnaires, de celle de ses clients et de celle des pouvoirs publics. L'action des territoires dépend de celle des États et éventuellement d'une attente de la part des populations locales, grogne plus ou moins affirmée dans les pays autoritaires et demande électorale dans les démocraties. Idem à l'échelle des gouvernants dont l'action dépend de leur opinion et de l'action des autres gouvernants. Ce facteur conduit tous les acteurs à des comportements attentistes. Chacun attend que les autres fassent. « Messieurs les Anglais, tirez les premiers. »

Quatrièmement, tous les acteurs n'ont qu'une vue de court terme. À l'échelle de l'individu, c'est le fameux dilemme « Fin du mois, fin du monde ». L'individu pense prioritairement au paiement de son loyer et de ses factures. L'entreprise pense à son bilan annuel, sa valorisation boursière, ses bénéfices. Les décideurs territoriaux à la satisfaction ou à l'obéissance de leurs administrés, selon que le pays est démocratique ou non. Et les gouvernants à la croissance du pays ainsi qu'au musellement de toute contestation ou à leur réélection, encore une fois selon que le pays est démocratique ou non. Tous les acteurs sont prisonniers de l'immédiateté alors que l'action écologique requiert une capacité de projection de long terme.

Cinquièmement, les acteurs de la transition ne voient pas d'intérêt individuel à agir. Car le coût de l'action est immédiat, personnel et concret, tandis que son bénéfice est tout l'inverse, c'est-à-dire lointain, abstrait et anonyme. Je dois aujourd'hui renoncer à un steak, liquider mon épargne dans l'isolation d'un logement, perdre mon emploi, revoir intégralement ma chaîne de production ou risquer ma réélection pour… sauver le monde entre 2050 et 2100 ! Pour rendre l'action environnementale plus concrète et désirable, les écologistes rétorquent à cela que la transition elle-même est porteuse d'avantages tangibles : amélioration du cadre de vie, bénéfices pour la santé, économies sur les factures de carburant ou d'électricité, création de nouveaux emplois, ouverture de nouveaux marchés… Mais ces « co-bénéfices » ne font pas le poids au regard de ce que la transition impose. Ils demeurent en effet pour le commun des mortels tout comme pour les entreprises ou les collectivités publiques encore trop hypothétiques et lointains. Ils peinent à contrebalancer l'effort que représente à coup sûr la transition. Résultat : à tout échelon de décision, la poursuite de l'intérêt individuel s'oppose à la satisfaction de l'intérêt général.

En résumé, des acteurs atomisés, autonomes, interdépendants, myopes et sans intérêt à agir… et l'on s'étonne que la transition soit insuffisante ou trop lente ! C'est déjà un miracle qu'elle soit entamée… Toutes les conditions sont réunies pour que l'action globale requise n'ait pas lieu. Or, la conjonction des facteurs bloquant l'action écologique correspond à des configurations connues car modélisées dans le cadre de la théorie des jeux. Une théorie dont les enseignements peuvent être clefs pour contrecarrer les verrous systémiques.

Théorie des jeux et tragédie des communs

La théorie des jeux est au départ une branche des mathématiques. Comme son nom l'indique, elle se fixe pour objet de modéliser « des jeux ». En l'occurrence, ce que l'on appelle un jeu est une expérience de pensée dans laquelle sont réunis trois ingrédients : des individus (les joueurs), leurs stratégies et les règles du jeu (quels peuvent être leurs gains ? De quelle information disposent-ils ?). La théorie des jeux modélise le comportement rationnel des joueurs compte tenu des stratégies possibles et des règles du jeu. La transition environnementale est bien « un jeu » au sens de la théorie des jeux. Les joueurs sont toutes les parties prenantes à la transition : individus, société civile, entreprises, collectivités publiques. Leurs stratégies peuvent être d'agir ou de ne pas agir en faveur de l'environnement. Quant aux règles du jeu, pour simplifier, il est possible de les réduire à la question, d'une part, des gains et des pertes et, d'autre part, de l'information. Les gains comme les pertes de l'inaction écologique et de l'action écologique sont clairement identifiables. Gains de l'inaction : ne pas consentir de sacrifices ou d'efforts financiers. Gains de l'action : co-bénéfices susmentionnés ou sentiment d'être un « juste ». Les pertes de l'action sont symétriques des gains. Quant à l'information, il s'agit de savoir ou non ce que les autres acteurs font en matière environnementale.

Les jeux de la théorie des jeux sont classés en deux grandes catégories : les jeux coopératifs (dans lesquels les joueurs coopèrent) et les jeux non coopératifs. Le jeu de la transition environnementale est un archétype de jeu non coopératif. Le *statu quo* écologique peut même être qualifié d'équilibre non coopératif de Nash (du nom de l'économiste John Forbes Nash, qui reçut le prix Nobel pour l'avoir formulé). Chaque joueur – individu, État, entreprise – est libre de suivre sa stratégie environnementale propre, indépendamment de celle des autres. De plus, c'est un jeu dans lequel les joueurs peuvent « rejouer » en permanence, autrement dit modifier leur stratégie à tout moment. Enfin, c'est un jeu dans lequel l'information circule : chaque acteur peut savoir ce que les autres acteurs font ou ne font pas en matière écologique. C'est un élément déterminant pour les gros joueurs comme les multinationales ou les États. Car c'est le facteur qui alimente la non-coopération : une multinationale ou un État qui sait que ses pairs n'agissent pas n'a pas d'intérêt à agir. Pire, une multinationale qui sait que ses concurrents agissent a encore intérêt à ne pas agir pour récupérer ses clients et ses actionnaires. Ce qui ramène cette fois en théorie des jeux au paradigme de la stratégie dominante, une stratégie qui sera optimale pour un joueur (en l'occurrence ne rien faire) quels que soient les choix des autres joueurs.

La théorie des jeux a fait l'objet d'applications dans divers domaines, à commencer bien sûr par l'économie. Mais un seul de ses paradigmes a été spécifiquement développé en écologie, celui de la fameuse tragédie des communs. Rendu célèbre par un article éponyme (« *The Tragedy of the Commons* ») du biologiste Garrett Hardin paru en 1968 [1], le concept décrit comment les ressources naturelles, lorsqu'elles sont en libre accès, sont surexploitées et dégradées. L'exemple donné par Hardin est celui d'un champ de fourrage accessible à tous les bergers alentour. Chaque berger a intérêt à augmenter la taille de son troupeau pour capter le maximum de fourrage. Un comportement de course à l'échalote qui finit par épuiser le champ. Le concept modélise le lieu commun selon lequel on ne prend pas soin de ce qui ne nous appartient pas. Une part de la déforestation, la surpêche, la pollution des sols et des océans, les émissions de gaz à effet de serre obéissent bien à la logique de la tragédie des communs. Comme nous l'avons vu, une partie importante de la déforestation est due à la petite agriculture vivrière. La forêt est en libre accès pour les petits paysans comme le champ de fourrage dans le paradigme de Hardin. Il en est de même pour les réserves halieutiques dans les océans. Et bien sûr aussi pour l'eau des nappes phréatiques, l'air et le climat. En revanche, lorsque la déforestation est administrée par l'État, elle échappe à la logique de la tragédie des communs. Car elle peut alors s'apparenter à une modalité de gestion patrimoniale. Même constat pour l'exploitation de toutes les ressources naturelles nationales.

---

1 Garette Hardin, *The Tragedy of the Commons*, Science, 13 décembre 1968.

Le paradigme de la tragédie des communs est donc opérant pour rendre compte d'une part de l'empreinte environnementale de l'humanité, mais pas de sa totalité.

La réflexion sur la transition manque d'une approche plus systématique du problème sous l'angle de la théorie des jeux. On trouve bien des approches parcellaires [1], mais nous n'avons pas trouvé d'analyse transversale de la transition environnementale en théorie des jeux. Ce qui est regrettable, car l'intérêt de cette discipline est non seulement d'établir des matrices comportementales, mais aussi et surtout d'apporter des solutions concrètes pour les faire changer, d'imaginer les mécanismes capables de modifier les comportements.

Heureusement, des raisonnements de type théorie des jeux ont tout de même commencé à façonner le droit environnemental international. Ainsi, trois solutions ont pu être apportées à la tragédie des communs. Deux d'entre elles étaient déjà énoncées par l'article de Garrett Hardin : la propriété privée et la propriété publique. Or, ces solutions ont leurs limites puisque, comme le montre le cas de la déforestation étatique et de l'exploitation des ressources minières, les ressources naturelles ayant un propriétaire peuvent aussi faire

---

1. Talbot M. Andrews *et al.*, « High-risk high-reward investments to mitigate climate change », *Nature Climate Change*, 3 septembre 2018.

l'objet d'une mauvaise gestion écologique. C'est pourquoi, à la suite de Hardin, l'économiste Elinor Ostrom a reçu le prix Nobel d'économie en apportant à la tragédie des communs une troisième solution, censément aussi efficace, voire davantage, que la propriété publique ou privée : la gestion des ressources naturelles sous forme de « biens communs » par les acteurs locaux, c'est-à-dire de biens qui, sans être la propriété des populations locales, relèvent de leur responsabilité juridique. C'est sur ce principe qu'a été bâti le protocole de Nagoya de 2010 sur l'accès aux ressources génétiques [1]. Pour combattre la biopiraterie, il confère aux communautés autochtones un droit d'accorder ou de refuser l'accès à certaines ressources génétiques. Ce n'est pas un droit de propriété. C'est le droit à la gestion d'un commun biologique. Sur le plan climatique, l'idée que l'ordre international est un ordre décentralisé non coopératif au sens de la théorie des jeux a dicté le choix, dans l'accord de Paris, d'un système basé sur les engagements volontaires des États au détriment d'un système coopératif de type taxe carbone ou marché de permis d'émissions. C'est aussi parce que « des États

---

1. La Convention sur la Diversité biologique adoptée en 1992 lors du Sommet de Rio définit les ressources génétiques comme un « matériel d'origine végétale, animale, microbienne ou autre, contenant des unités fonctionnelles de l'hérédité ». Dit plus simplement, il s'agit du patrimoine génétique de la biodiversité.

rationnels ont toujours intérêt à faire supporter les efforts de réduction des émissions de gaz à effet de serre par les autres pays et à profiter ainsi des bénéfices des politiques climatiques sans avoir à en supporter le coût [1] » que l'Accord de Paris ou le programme REDD + des Nations unies contre la déforestation prévoient des transferts entre États (de compétence, de technologie ou d'argent). Il faut en effet que ces derniers aient intérêt à la coalition dans le cadre d'un tel « jeu ».

Comment exploiter plus largement la théorie des jeux pour faire sauter d'un coup l'ensemble des verrous systémiques ? Sa grille d'analyse fournit un enseignement majeur pour débloquer la transition à tous les niveaux. C'est qu'il lui faut un coordinateur, un ensemblier, un chef de file, une locomotive (retenez le terme qui vous conviendra le mieux) capable d'entraîner derrière lui ou elle tous les acteurs d'un bout à l'autre du globe. La recherche de ce moteur de la transition conduit au constat que son verrou ultime et stratégique pourrait être le verrou démocratique.

Verrou démocratique

Qui pourrait bien endosser le rôle de locomotive de la transition ? Procédons par élimination, du

---

1. Jean-Paul Albertini, Baptiste Perrissin Fabert, *Analyse économique des négociations climat : décryptage d'un jeu d'inci-*

plus mauvais au meilleur candidat. À l'évidence, on ne peut pas attendre des entreprises qu'elles verdissent spontanément le monde. Cela n'est pas dans leur ADN (pour reprendre une expression à la mode). Il en est de même des pays en développement. Nous l'avons vu, leur priorité est justement le développement. Quant aux populations et à la société civile, il faut encore distinguer celles du Nord de celles du Sud. La priorité des populations du Sud est l'élévation de leur niveau de vie, quand ce n'est pas tout simplement la survie... Les meilleurs candidats au titre de locomotive de la transition sont donc les populations des pays développés et leurs gouvernements. Ils ne sont d'ailleurs pas seulement candidats à ce titre puisqu'ils en assument déjà le rôle. Aujourd'hui, c'est déjà bien par l'opinion publique et les États occidentaux que la transition est menée. Ce sont eux qui, à l'échelle internationale, poussent à prendre en compte la contrainte écologique. Ce sont les pays riches qui, aiguillonnés par leurs opinions publiques, mènent l'agenda environnemental du monde. Pourtant, eux aussi se trouvent confrontés, pour aller plus vite et plus loin dans leur ordre interne et à l'échelle planétaire, à un ultime verrou : le verrou démocratique.

La démocratie représentative souffre de cinq handicaps majeurs pour pouvoir réagir comme il

---

tations à participer, à agir et à s'engager, Annales des Mines – Responsabilité et environnement, 2015.

le faudrait à la crise écologique. Premièrement, elle est faite pour produire du consensus. Or, pour reprendre la formule de François Gemenne, « l'écologie n'est pas un consensus »[1]. La force des systèmes électifs et parlementaires est en effet d'aboutir à des compromis, de prendre en compte un peu tous les intérêts divergents. Ce qui en fait des mécaniques d'une extraordinaire efficacité pour désamorcer, aplanir et apaiser les conflits sociaux. Mais l'écologie ne peut pas s'accommoder de *modus vivendi*. S'il faut réduire ses émissions de gaz à effet de serre de 100 %, on ne peut pas couper la poire en deux pour ne les réduire que de 50 %.

Deuxièmement, la démocratie représentative est par nature court-termiste. C'est la conclusion à laquelle parvient le philosophe Hans Jonas dans *Le Principe responsabilité* quand il écrit que « dans la rigueur future d'une politique du renoncement responsable, la démocratie (dans laquelle les intérêts du moment ont la parole) est inapte, au moins temporairement [2] ». Le temps de l'action démocratique est celui du cycle électoral alors que l'action environnementale se déploie dans le temps long. Il y a là une incompatibilité radicale. Car, d'une part, les gouvernants élus ont besoin de résultats rapides

---

1 François Gemenne, *L'écologie n'est pas un consensu. Dépasser l'indignation*, Fayard, 2022.

2. Hans Jonas, *Le Principe responsabilité. Une éthique pour la civilisation technologique*, Le Cerf, 1995, p. 203.

pour pouvoir les porter à l'actif de leur bilan et surtout, d'autre part, ils vont avoir tendance à privilégier les intérêts de court terme sur les intérêts de long terme. Donc par exemple privilégier l'emploi par rapport à la décarbonation.

Troisièmement, par définition, la représentation ne sert que les intérêts du corps électoral. Or, les principales victimes de la crise environnementale ne sont pas dans le corps électoral des démocraties occidentales. Les générations futures auront bien plus à souffrir de la raréfaction des ressources et de la pollution que les générations présentes. Or, par définition, elles ne figurent pas (encore) dans le corps électoral. Les populations des pays pauvres tropicaux seront les plus violemment affectées par le réchauffement climatique [1]. Elles ne sont pas représentées au Parlement européen ou au Congrès américain. Pas davantage que les espèces menacées, les forêts tropicales, les océans…

Quatrièmement, la démocratie représentative contraint à une polarisation de l'action publique. En démocratie élective, toute idée et tout programme doivent trouver leur place sur le marché électoral. Or, primo, ce marché est restreint. En se présentant aux suffrages, l'écologie ne s'adresse plus qu'aux votants. Plus l'abstention progresse,

---

1. Thilagawathi Abi Deivanayagam *et al.*, « Envisioning environmental equity : climate change, health, and racial justice », *The Lancet*, 29 mai 2023.

moins sa voix porte. De plus, et surtout, en descendant dans l'arène politique, l'écologie doit se trouver un électorat. Et donc choisir un camp sur l'échiquier politique. En l'occurrence, la gauche, depuis l'émergence de l'écologie politique dans les années 1970. Quand la gauche et la droite font jeu égal et que l'abstention est de 30 %, l'écologie politique ne s'adresse plus qu'à un tiers du corps électoral... Enfin, en devenant une option politique, l'écologie devient un choix comme un autre. Elle banalise son message. Le piège de la polarisation est l'une des deux grandes causes de l'échec de l'écologie politique depuis cinquante ans.

La seconde de ces grandes causes constitue notre cinquièmement. L'électoralisme suppose de susciter l'adhésion, de donner envie, de faire rêver. Ce que l'écologie peine à faire. Car, nous l'avons vu, l'essentiel d'un programme authentiquement écolo, ce sont des contraintes immédiates pour des bénéfices futurs et hypothétiques. L'écologie, c'est « du sang et des larmes ». Or on ne gagne pas les élections en promettant cela. Encore moins lorsqu'on tient ses promesses. Même Churchill n'a pas été réélu alors qu'il avait gagné la guerre... Pour conjurer ce travers inhérent à l'électoralisme, les Verts tentent d'enfler l'importance des bénéfices (ce que nous avons appelé plus haut les co-bénéfices) de la transition et de minimiser l'ampleur des sacrifices à consentir. Mais la ficelle est un peu grosse.

Ce qui nous place face à un paradoxe en conclusion de la première partie de ce livre. Le problème des verrous systémiques dépasse largement celui du seul verrou démocratique. Nous l'avons vu, il y a des verrous partout. Au niveau de l'individu, de l'entreprise, de l'État et du monde. Mais, dans le même temps, si l'on considère que seules les démocraties occidentales et leurs opinions peuvent jouer le rôle de locomotive de la transition, le problème des verrous systémiques peut être réduit à celui du verrou démocratique. Autrement dit, si la démocratie est le verrou ultime, oui, la transition environnementale pose le problème de la démocratie. Du coup, faut-il une dictature verte ?

Seconde partie

Déverrouiller le système :
besoin d'une dictature ?

Face au verrou ultime qu'est la démocratie représentative, la tentation est de plus en plus grande d'en appeler à une dictature verte. Une approche raisonnée et pragmatique de la question conduit néanmoins à penser qu'une dictature n'est pas requise pour faire face à la crise environnementale. En revanche, l'action écologique nécessite de rénover la démocratie ou, à tout le moins, qu'une forte pression soit exercée sur les représentants élus. D'une manière ou d'une autre, pour transitionner, il va falloir « hacker » la démocratie (chapitre 4). Cela afin qu'elle actionne les quelques leviers économiques capables de changer radicalement la donne écologique à toute échelle. En un mot, qu'elle réinvente le capitalisme (chapitre 5). Car les leviers économiques en question peuvent retourner à la fois la complexité et le marché dans un sens écologiquement vertueux. Ils ont le pouvoir de créer un ruissellement écologique (chapitre 6).

IV

Pression démocratique et démocratie directe plutôt que dictature

Ce qui menace le plus directement la démocratie aujourd'hui n'est pas l'écologie, mais bien plutôt la crise environnementale. Sans réaction à la mesure de l'enjeu, elle promet en effet de dégrader les conditions matérielles de l'humanité d'un bout à l'autre du globe. Ce qui conduira à la remise en cause des droits et libertés et favorisera tous les replis identitaires. La question posée par le rapport entre démocratie et transition pourrait donc être : faut-il aujourd'hui opter pour des régimes autoritaires afin d'éviter d'avoir à subir demain des régimes totalitaires ? La réponse à cette question est non. Primo, les dictatures ne sont pas nécessairement plus efficaces sur le plan écologique que les démocraties. Secundo, la transition écologique ne requiert pas la fin de l'état de droit. En revanche, la transition implique une rénovation institutionnelle profonde du système représentatif. Comme il est difficile de compter sur les représentants élus pour la mettre en œuvre, cette rénovation ne pourra avoir lieu que si elle est réclamée par l'opinion publique. Et même si la démocratie représentative n'est pas adaptée à l'enjeu écologique, elle pourra encore prendre les mesures qui s'imposent à condition que la pression sur le politique demeure maximale. Ce qui confère à l'engagement et à l'activisme écologiques des individus et de la société civile un rôle primordial.

La crise environnementale menace la démocratie

L'inaction écologique menace la démocratie bien plus directement et sûrement que l'action écologique. Parce que la crise environnementale peut à terme faire basculer tous les pays du monde dans le chaos ou l'état d'urgence. Cette crise, en particulier le réchauffement climatique, pourrait en premier lieu marquer un coup d'arrêt au processus bicentenaire de démocratisation du monde. Depuis la révolution industrielle, la démocratie libérale n'a en effet jamais cessé de gagner du terrain. Par-delà des mouvements ponctuels de reflux, sur le temps long, elle est en expansion continue. Alors que seulement 1 % de la population mondiale vivait dans un pays libéral en 1816, cette proportion passa à 7 % en 1850, 40 % en 1950 et 56 % en 2015. Stephen Pinker, le héraut de l'optimisme libéral, note en sus que l'on peut ajouter aux cent trois pays authentiquement libéraux dix-sept pays « plus démocratiques qu'autocratiques » pour parvenir à la conclusion qu'aujourd'hui les deux tiers de la population mondiale vivent dans des pays libres ou relativement libres [1]. Cette expansion de la démocratie s'est souvent faite en phase avec l'augmentation du niveau de vie des peuples. On peut dans une certaine mesure considérer que la démocratie est un bienfait collatéral du développement. La Russie et la Chine sont en train de prouver au monde qu'il n'y a pas de lien automatique entre développement et démocratisation. Mais pour combien de temps ? Et surtout, on peut considérer qu'il s'agit des exceptions qui confirment la règle. Car, en dehors d'elles, la corrélation entre enrichissement et progrès de l'état de droit s'est plutôt bien vérifiée. Or, la crise environnementale pourrait demain empêcher les pays émergents d'accéder au développement, donc d'avoir une chance de se démocratiser. Les pays les plus directement et durement affectés par le changement climatique vont être ceux de la bande tropicale. Ceux-là mêmes qui sont aujourd'hui les plus pauvres, les plus fragiles politiquement et dont la démographie est la plus dynamique. L'ensemble des effets du réchauffement – températures invivables entre un et trois mois de l'année, aggravation

---

1. Robert Muggah, Steven Pinker, « Democracy isn't in as much trouble as you might think », weforum.org, 3 avril 2018.

du stress hydrique, élévation du niveau des mers, prolifération des pathogènes, démultiplication des événements climatiques extrêmes – promet d'y avoir un impact dévastateur. De quoi ruiner leurs économies déjà fragiles, favoriser toutes les explosions de violence – répressions, exactions, coups d'État, génocides, guerres – et déclencher des déplacements de population, des migrations massives, des épidémies et des famines. De quoi donc faire le lit des faillites d'États et des régimes les plus arbitraires et les plus sanguinaires. Une situation qui non seulement anéantirait toute perspective de démocratisation dans ces pays, mais aurait aussi, par effet domino, toutes les chances de déstabiliser les pays en voie de démocratisation alentour et les jeunes démocraties voisines. Un processus qui, *in fine*, aurait même raison des démocraties les mieux installées au Nord.

En effet, la déroute économique et politique des pays en développement ne pourrait pas rester sans conséquence pour les pays développés. D'abord, il ne faut pas oublier que les pays du Nord auront eux aussi beaucoup à faire avec le changement climatique. Ils seront eux aussi touchés par des tempêtes et des sécheresses. Ils devront eux-mêmes assurer leur sécurité alimentaire, leur approvisionnement en eau et prendre des mesures pour lutter contre l'impact sanitaire de la remontée des insectes, plantes allergènes et germes tropicaux. Et ils devront bien sûr endiguer la montée des eaux. Ensuite, dans un monde ouvert et globalisé comme le nôtre, la débandade des économies du Sud aurait forcément de graves répercussions sur le Nord. Cela signifierait la fin des approvisionnements en matières premières et en produits manufacturés importés ainsi que la disparition d'énormes débouchés pour les économies développées. Difficile d'envisager que cela ne se traduise pas par une dépression majeure. Enfin, il faudra vraisemblablement aux pays du Nord faire face à une pression migratoire de plus en plus forte. Dans de telles conditions, il est irréaliste de croire que la démocratie libérale puisse se maintenir. Un exercice de prospective s'impose : face à la nécessité de maintenir l'ordre social et de défendre leurs frontières, les démocraties devraient suspendre leur adhésion aux valeurs de l'humanisme et des droits de l'homme. Sur le plan intérieur, elles devraient abolir les libertés pour imposer une politique de rationnement et décréter la loi martiale. Sur le plan extérieur, elles devraient rendre leurs frontières inexpugnables. Les pays développés se barricaderaient derrière un nouveau *limes* hérissé de barbelés et protégé par des drones tueurs. Ne pouvant se contenter de garder leurs frontières pour assurer leur survie et leur sécurité, ils devraient en outre organiser des expéditions militaires pour s'accaparer les ressources d'un Sud en proie au chaos et éliminer les organisations les plus hostiles et les plus dangereuses susceptibles d'y émerger comme ce fut le cas en Irak avec l'État islamique. Surtout sachant que l'arme atomique pourrait tomber entre n'importe quelles mains. En lieu et place des vieilles démocraties, il faut donc imaginer l'émergence de populismes dont les actuels régimes de Poutine et d'Orban ne seraient que de pâles préfigurations. Des dictatures écolo-identitaires bleues et vertes.

Ce qui nous place face à une aporie : pour éviter une telle dystopie, il faut agir en faveur de l'environnement. Mais, si la démocratie constitue le verrou ultime, agir en faveur de l'environnement peut nécessiter une dictature. Il faudrait donc une dictature pour éviter la dictature... Cette aporie peut se résoudre de deux manières. Primo, on peut considérer qu'une dictature verte serait un moindre mal par rapport aux tyrannies de demain. Un moindre mal parce qu'elle serait probablement plus douce que les dystopies bleues et vertes qui émergeraient d'un monde ravagé par le changement climatique. Un moindre mal encore parce qu'une dictature verte permettrait au moins de sauvegarder le capital naturel qui peut encore l'être. Secundo, afin de résoudre l'aporie, on peut surtout considérer qu'une dictature n'est pas nécessaire pour mettre en œuvre la transition.

Une dictature n'est pas nécessaire

Examinons froidement la question de la dictature. Envisageons-la comme une option à évaluer. Pour ce faire, il convient de mettre ses caractéristiques, et éventuels atouts ou mérites, en regard de ceux de la démocratie. La première remarque à formuler dans cette optique est qu'il n'y a pas de lien direct entre la nature d'un régime et son rapport à l'environnement. Comme nous l'avons vu, ce qui détermine le rapport d'un pays à l'environnement est son niveau de développement. Moins un pays est développé, moins il pollue et moins il se préoccupe d'environnement. Plus un pays se développe, plus il pollue et se préoccupe d'environnement. D'abord de son impact sanitaire, puis de son impact géophysique global. Si la plupart des dictatures émettent peu de gaz à effet de serre, ce n'est pas parce qu'elles sont écolos, mais parce qu'elles sont peu développées. Inversement, si les plus gros émetteurs de gaz à effet de serre sont des démocraties, c'est parce que ce sont des pays développés.

Voilà pour les grandes lignes, mais affinons l'analyse en comparant deux index : l'Environmental Performance Index[1] (EPI) d'une part, et le Democracy Index[2] (DI) d'autre part. Le premier, établi par l'université américaine Yale, compare les efforts écologiques de 180 pays et les classe. Le premier du classement est le pays le plus volontaire d'un point de vue écologique et inversement pour le dernier. Le Democracy index, établi par le cabinet de conseil Economist Intelligence Unit, classe

---

1. https://epi.yale.edu/epi-results/2022/component/epi
2. https://www.eiu.com/n/campaigns/democracy-index-2022/

quant à lui 167 pays du plus au moins démocratique. La première chose que confirme la comparaison de ces index est que les dictatures actuelles ne sont pas vertes. Aucune dictature ne figure en tête du classement EPI (les trente premiers rangs). Les performances environnementales des dictatures sont assez disparates puisque trois des dix pays les moins démocratiques du monde figurant dans l'EPI enregistrent des scores écologiques moyens (Centrafrique, Guinée équatoriale, Bahreïn). Mais tous les autres sont en bas du classement EPI. La Chine par exemple figure parmi les vingt pays les plus autoritaires du monde et aussi les vingt pays dont les scores environnementaux sont les plus faibles. Les démocraties, quant à elles, affichent des résultats encore plus disparates : alors que l'Inde est au 53e rang de l'échelle démocratique (donc dans le tiers des pays les plus démocratiques), elle est dernière dans l'index EPI… En revanche, la moitié des dix pays les plus démocratiques du monde figurent aussi parmi les dix premiers du classement EPI. Et huit sur dix parmi les vingt premiers. Il y aurait donc un lien de corrélation positif entre démocratie et écologie. Plus un pays est démocratique, plus il aurait tendance à prendre en compte l'écologie. Un argument fort en faveur des démocraties dans notre débat.

Mais prendre en compte l'écologie ne signifie pas faire ce qu'il faut face à la crise environnementale. Force est de constater qu'aujourd'hui aucun pays n'est à la hauteur de l'enjeu. Même les pays les plus vertueux écologiquement ne suivent pas une trajectoire durable. Donc, quand bien même les dictatures en place ne seraient pas écolos, quand bien même les démocraties auraient un tropisme environnementaliste, la question se pose toujours de savoir si la transition ne nécessiterait pas la mise en place de dictatures *ad hoc*, des dictatures nouvelles dont le mandat serait précisément de verdir la société. À cette question nous répondrons par la négative. Car, très pragmatiquement, une dictature pourrait être parfaitement inutile face à la crise environnementale. Premièrement, l'efficacité des dictatures semble un mythe. L'argument est clef, car c'est bien cela que l'on attend d'une dictature, qu'elle soit capable d'imposer par la force ce qu'une démocratie molle ne parvient pas à faire. Si même la dictature n'y parvient pas, elle ne sert plus à rien. Remettre en question l'efficacité des dictatures est contre-intuitif. Bien sûr, une dictature, c'est horrible, mais au moins, ça a des résultats, pense-t-on spontanément. Eh bien, pas tant que cela. L'évidence doit être réévaluée à l'aune des faits. Les dictatures sont-elles efficaces sur le plan économique ? De nombreux exemples dans l'Histoire tendraient à indiquer que oui : l'Allemagne nazie des années 1930, l'Espagne franquiste de la fin des années 1950, le Chili de Pinochet dans les années 1980 ou encore la Chine depuis quarante ans. Et l'on pourrait encore en citer bien d'autres.

D'un autre côté, sur les dix pays les plus riches du monde en PIB par habitant, deux seulement (Brunei et le Qatar) sont des autocraties. Tous les autres sont des démocraties. Face à ces signaux contraires, pour parvenir à évaluer les performances économiques réelles des dictatures, les chercheurs australiens Stephanie Rizio et Ahmed Skali se sont intéressés au temps long [1]. Leur étude examine à quel point les autocrates ont pu avoir un effet positif sur l'économie dans 133 pays de 1858 à 2010. Ses conclusions sont sans appel : les dictateurs ont eu un impact globalement négatif sur les performances des pays qu'ils ont dirigés. Et les dictateurs réputés avoir eu un effet positif n'ont le plus souvent fait que bénéficier d'une dynamique qui leur préexistait. Autrement dit, les autocrates efficaces relèvent du hasard statistique tandis que le phénomène des autocrates mauvais pour l'économie dépasse largement la distribution aléatoire. Là encore, de nombreux exemples peuvent être invoqués à l'appui de cette conclusion, de l'expérience des Khmers rouges au Cambodge au « Grand Bond en avant » chinois, en passant par l'Italie fasciste, l'Iran des mollahs, toutes les dictatures africaines, etc. Un exemple récent relativise mieux que tout autre l'efficacité des dictatures, celui

---

1. Stephanie M. Rizio, Ahmed Skali, « How often do dictators have positive economic effects ? Global evidence, 1858-2010 », *The Leadership Quarterly*, vol. 31, juin 2020.

de la pandémie du coronavirus. Sur le plan cette fois sanitaire, et non plus économique, les dictatures ne s'en sont pas mieux sorties que les démocraties. C'est ce qu'a révélé une étude de l'institut Lowy [1]. Elle dresse un palmarès d'une centaine de politiques anti-Covid nationales, des plus au moins efficaces, en fonction du nombre de cas confirmés, tests effectués et décès par million d'habitants. Résultat : match nul entre démocraties et régimes autoritaires. En tout état de cause, ces derniers n'ont pas surperformé. On pourrait peut-être même aujourd'hui dire le contraire, dans la mesure où l'étude date de début 2021, avant l'échec cuisant de la politique « zéro Covid » chinoise et son abandon en décembre 2022. On retrouve finalement en matière sanitaire ce qui est aussi observable en matière économique. Dans les deux cas, les régimes autoritaires peuvent obtenir des résultats spectaculaires en des temps records. Ils savent et peuvent mener des actions coups de poing. C'est ce qui s'est passé contre le coronavirus. Mais, au long cours, l'efficacité des dictatures a tendance à s'émousser. Ce qui n'a rien de surprenant. Car les dictatures souffrent de handicaps structurels pour agir. D'une part, des directives venant du haut sont souvent mal comprises et mal mises en œuvre sur le terrain.

---

1. https://www.lesechos.fr/monde/enjeux-internationaux/face-au-covid-les-democraties-pas-moins-efficaces-que-les-dictatures-1285230

D'autre part, la terreur ne vaudra jamais l'adhésion pour conduire les peuples à l'action. Dans un régime dictatorial, les résistances et contournements peuvent être aussi forts que dans les démocraties. L'ensemble de ces facteurs fait que, a minima, on peut dire que la dictature n'offre pas de garantie d'efficacité au long cours. Or, on l'a dit, l'action écologique s'inscrit dans le temps long. Si l'on n'est même pas sûrs qu'une dictature verte soit vraiment efficace, l'idée retombe comme un soufflé.

Par ailleurs, et encore plus fondamentalement, la transition environnementale n'a pas besoin d'un dispositif dictatorial. Pour s'en convaincre, il faut se demander ce qu'est intrinsèquement une dictature. Schématiquement, on peut dire que c'est, d'une part, un régime de suppression des droits et libertés et, d'autre part, un régime de surveillance et de répression. Or la transition environnementale n'implique ni l'un ni l'autre. Premièrement, elle n'implique la suppression d'aucun droit et d'aucune liberté. Elle n'a a priori aucun impact sur l'immense majorité des droits et des libertés. Aucun impact, donc, sur des droits et libertés aussi fondamentaux que les droits à la sûreté, à l'intégrité de la personne humaine, à la résistance à l'oppression, à l'égalité devant la loi, à un procès équitable, au respect de la vie privée, à l'honneur et à la réputation, à l'éducation ou aux libertés d'expression, de conscience, de religion, de réunion, d'association, de grève ou de manifestation, etc. Au maximum, la transition environnementale peut impliquer une restriction de certains droits et de certaines libertés. Tel est le cas de la liberté d'aller et venir. Limiter ou interdire l'usage des moyens de transport les plus polluants restreint dans une certaine mesure la liberté de se déplacer. Il en est de même de la liberté d'entreprendre. Interdire les activités les plus polluantes ou imposer des normes écologiques restreint effectivement la liberté d'entreprendre. Symétriquement, les limitations à la liberté d'entreprendre portent atteinte au droit à l'emploi si elles se traduisent par des suppressions de postes. Enfin, le droit de propriété est impacté par certains aspects de la transition. C'est par exemple le cas lorsque le droit pour un propriétaire de louer un logement est conditionné à sa rénovation énergétique. L'impératif d'isolation thermique porte atteinte au *fructus*, soit la possibilité de rentabiliser son bien, qui est l'un des trois attributs du droit de propriété (avec l'*usus* – usage de son bien – et l'*abusus* – droit de disposer de son bien). D'autres exemples pourraient être donnés. Mais il faut immédiatement remarquer que ces limitations de droits et libertés sont très relatives. Ainsi la transition n'interdit-elle pas de se déplacer, mais éventuellement de le faire avec un véhicule thermique. L'effectivité de la liberté d'aller et venir dépendra de l'existence de modes de transport décarbonés alternatifs. Il en est de même pour les limitations apportées à la liberté d'entreprendre et au droit de propriété. Les premières porteront souvent sur les modalités de la production, les secondes sur les conditions d'exercice des droits du propriétaire. Non seulement les limitations impliquées par la transition sont relatives, mais elles sont surtout parfaitement conformes à ce qui se pratique couramment dans un état de droit. Un état de droit n'est en effet pas un état de droits et de libertés illimités. Son objet est de garantir des droits et des libertés, mais aussi d'en organiser la limitation. Car, d'une part, les droits et libertés doivent être conciliés entre eux et, d'autre part, ils s'inscrivent dans le cadre d'un ordre public qui leur est supérieur. Je suis libre d'aller et venir, mais pas dans le jardin de mon voisin. Ma liberté de déplacement est limitée par son droit de propriété. Le droit de grève et le droit de manifester restreignent aussi ponctuellement la liberté d'aller et venir. De même que le confinement a imposé une limitation des déplacements en raison d'un intérêt d'ordre public jugé supérieur durant la pandémie. La liberté d'entreprendre et le droit à l'emploi sont étroitement corsetés par l'ordre public. Je n'ai ainsi pas le droit de créer une entreprise dont l'objet social serait la vente d'héroïne. Ce qui implique une limitation du droit à l'emploi pour toutes les activités jugées illégales. Les normes sociales, de sécurité et sanitaires sont encore autant de limitation à ces droits et libertés. On retrouve la même chose pour le droit de propriété. Je n'ai pas le droit de posséder des choses prohibées. Et je n'ai pas le droit de faire ce que bon me semble avec tout ce dont je suis propriétaire. Je n'ai ainsi pas le droit de tuer mon chien. Et pas besoin d'aller jusqu'au canicide pour établir la limitation du droit de propriété : l'impôt, tout simplement, est une restriction du droit de propriété commandée par l'ordre public. Or la raison environnementale s'insère parfaitement dans le cadre de l'état de droit ainsi défini. Primo, la protection de l'environnement est un impératif d'ordre public qui justifie largement un aménagement des droits et libertés. Secundo, la limitation des droits et libertés pour raison écologique revêt aussi un caractère de conciliation des droits et libertés entre eux. Agir pour l'environnement, c'est concrétiser le droit de « vivre dans un environnement équilibré » garanti par l'Article premier de la Charte de l'environnement, c'est aussi protéger le droit à la santé et le droit des générations futures à bénéficier d'une planète vivable. En conclusion, la transition environnementale n'impose nullement une remise en question globale des droits et libertés. Tout juste des restrictions relatives de certains d'entre eux. Suspendre l'ensemble des droits et libertés pour obtenir ces aménagements serait totalement disproportionné et n'aurait donc aucun sens écologique. Pour reprendre une image connue et parlante, cela reviendrait à utiliser la bombe atomique pour démoustiquer. Suspendre l'état de droit pour verdir la société aurait d'autant moins de sens qu'au contraire la transition écologique peut être considérée comme un élargissement de ce même état de droit.

Mais la mise en œuvre de la transition suppose-t-elle au moins un régime de surveillance et de sanction propre aux dictatures ? Pas davantage. Trancher la question impose de s'interroger sur les instruments de la transition environnementale. Schématiquement, il n'y en a que deux : la contrainte réglementaire et la manipulation des prix. Cette équation est fondamentale. Elle permet de clarifier en profondeur le débat écologique. Car elle révèle la source du clivage idéologique qui le traverse. On a souvent tendance à résumer ce dernier à l'opposition entre « l'écologie punitive » et « l'écologie incitative ». Cette distinction n'a pas vraiment de sens. Primo, les mesures écologiques réglementaires n'ont pas vocation à punir qui que ce soit. Pas plus que le Code du travail n'a vocation à punir les employeurs ou le Code de la route les automobilistes. Secundo, la référence à l'incitation est aussi fallacieuse. Elle masque le fait que toute mesure écologique relève structurellement de la contrainte. Dans le cas de la réglementation, la contrainte est directe. On impose telle ou telle chose aux sujets de droit. Mais la manipulation des prix relève aussi de la contrainte. Seulement, il s'agit d'une contrainte indirecte. Une contrainte qui oriente les comportements des agents économiques via les mécanismes de marché. Une contrainte qui donne donc l'illusion d'une incitation. Même la subvention est une contrainte, car il faut bien comprendre que subventionner les uns revient à taxer les autres (l'argent des subventions est au départ le produit d'un impôt). Ceci étant précisé, la transition ne peut être réduite à un choix binaire entre réglementation et politique des prix. Elle suppose de mobiliser de façon pragmatique tous les instruments à notre disposition. On ne peut pas se priver de l'un ou l'autre levier. À cet égard, un plan crédible de transition relève bien du « en même temps » : de la réglementation et en même temps de la politique des prix.

Ce qui pose immédiatement la question capitale de savoir quand recourir à l'un ou l'autre instrument. Quelle clef de partage entre les deux ? Pour le déterminer, il faut les évaluer. Pour une fois, gagnons du temps et partons de la conclusion : si les deux instruments doivent être mobilisés, ce n'est pas dans les mêmes proportions. Car ils ne se valent pas. Ils ne se valent pas sur le plan de l'efficacité économique, donc aussi de l'efficacité écologique. Le levier des prix est bien plus puissant. C'est ce que nous verrons aux chapitres suivants. Et ils se valent encore moins sur le plan politique. Nous allons commencer par là. S'il ne fallait compter que sur la réglementation pour transitionner, comme l'impliquerait un programme de décroissance, il faudrait effectivement une dictature. Car alors, il faudrait mettre des flics partout. Des flics dans chaque logement pour vérifier que les gens ne chauffent pas trop. Des flics dans chaque assiette pour contrôler qu'ils ne mangent pas trop de viande. Des flics dans chaque usine et dans chaque magasin pour qu'ils ne produisent et ne consomment pas trop. Heureusement, nous ne devons pas compter uniquement sur la réglementation, puisque nous pouvons aussi compter sur le contrôle des prix. Cela via les deux instruments que sont la taxation (directe, sous forme d'impôt, ou indirecte, sous forme de subvention) et les marchés de droits à polluer. Dans le premier cas, on renchérit un bien ou un service polluant pour réduire sa production et sa consommation ou on soutient économiquement une activité jugée écologiquement vertueuse (ce qui revient à mobiliser le fruit d'un impôt à son profit). Dans le second cas aussi, celui des marchés de droits à polluer, on renchérit les biens et services polluants, mais cette fois en déterminant un volume de pollution à ne pas dépasser et à se partager sur un marché. Le cours du droit à polluer, donc le prix de la pollution, fluctue en fonction de l'offre et de la demande des droits à polluer. L'avantage politique du signal prix, c'est qu'avec lui chacun devient son propre flic. Plus précisément, chacun n'a d'autre choix que de s'autodiscipliner en fonction des possibilités de son porte-monnaie. Le flic, c'est le compte en banque. Avec les mécanismes de marché, plus besoin de dictature. La manipulation écologique des prix pose néanmoins deux problèmes politiques. Premièrement, on peut se demander si elle ne fait pas revenir par la petite porte la question des droits. En effet, le tout n'est pas de garantir juridiquement un droit pour qu'il soit effectif. Encore faut-il souvent avoir les moyens économiques de l'exercer. On connaît la fameuse formule : « Quelle est la liberté d'un chômeur américain ? » C'est vrai, au pays de la liberté, sans argent, on n'est libre de rien. Cette question sérieuse appelle deux observations. Premièrement, la démocratie ne garantit pas un droit au superflu. Il n'y a pas de droit à avoir une piscine ou une résidence secondaire. En revanche, il y a bien en démocratie un droit à la satisfaction de ses besoins essentiels ainsi qu'à l'exercice de ses droits et libertés fondamentaux. Par exemple, quand l'accusé d'un crime n'a pas les moyens de s'offrir les services d'un avocat, la société lui en commet un d'office. Une aide économique vient concrétiser l'exercice d'un droit fondamental, en l'occurrence le droit à un procès équitable. Le même problème se pose dans le cadre d'une transition écologique menée au moyen de l'instrument prix. Car renchérir les carburants fossiles compromet le droit de se chauffer, de se déplacer, donc souvent le droit à un emploi, voire le droit de se nourrir (puisque cela entraîne une inflation des prix alimentaires) des plus modestes. C'est bien pourquoi la transition écologique par les prix appelle inévitablement un effort de redistribution dans leur direction. Nous y reviendrons.

Mais le levier des prix pose un autre problème politique. Ou plutôt soulève un dernier argument en faveur d'une dictature verte. L'argument considérant qu'il faut un pouvoir fort pour mettre en œuvre la transition. L'histoire française récente semble ne l'avoir que trop bien prouvé. En 2013, le gouvernement instaure une taxe poids lourds. La mesure suscite immédiatement l'émergence du mouvement social dit « des bonnets rouges », qui va jusqu'à la dégradation des portiques écotaxes et oblige l'exécutif à supprimer la taxe envisagée. Même scénario en 2018, quand le gouvernement tente la création d'une nouvelle écotaxe en augmentant le montant de la taxe intérieure de consommation sur les produits énergétiques, ce qui renchérit mécaniquement l'essence. La réaction sociale est encore plus violente. C'est l'origine du mouvement des « gilets jaunes » qui lui aussi oblige le gouvernement à reculer. Chaque fois, une manipulation écologique des prix a suscité une contestation sociale qui a contrecarré la réforme. Ce qui, peut-on penser, ne serait pas arrivé avec une dictature. Dans une dictature, on mate les insurrections et on va jusqu'au bout. CQFD. Même si la transition n'implique pas de suspendre tous les droits et libertés, il faut une dictature pour assurer la mise en œuvre des mesures qui s'imposent. Nous avons vu plus haut que l'efficacité de long terme des dictatures pouvait être sujette à caution. En revanche, pour mener à bien une bonne répression, on peut souvent leur faire confiance. Et pourtant, même cet argument peut être discuté. Car il existe des moyens de conserver la démocratie tout en garantissant l'effectivité d'une transition digne de ce nom. Il n'y a pas besoin d'envoyer la maréchaussée quand une réforme est acceptée. Et deux maîtres mots déterminent l'acceptabilité d'une réforme : équité et responsabilité. Le premier renvoie encore à la question de la redistribution que nous traiterons dans le prochain chapitre. Quant à la notion de responsabilité, elle renvoie, elle, à la nécessaire adaptation de la démocratie à l'enjeu écologique.

Changer la démocratie

L'une des grandes questions écologiques qui agitent aujourd'hui les médias et le débat public est « Comment rendre la transition désirable ? » Cette question n'a en réalité aucun sens. Car, comme nous l'avons vu, la transition ne peut pas être désirable. À l'échelle individuelle, il n'est pas désirable de payer plus cher son essence ou d'être contraint d'acheter une voiture électrique, de se priver de certains produits et de payer des fruits et légumes bios deux fois leur prix ou d'avoir froid chez soi pour économiser le chauffage. Quand on est agriculteur, il n'est pas désirable de troquer des intrants hyperefficaces contre des méthodes naturelles beaucoup plus contraignantes. Quand on est une entreprise, on ne peut pas désirer être soumis à des normes de plus en plus drastiques. Et quand on est un gouvernement, on ne peut pas désirer mettre tout ce beau monde dans la rue et condamner au passage des milliers d'emplois.

Mais est-ce grave que la transition ne soit pas désirable ? Est-ce même seulement un problème ? Autrement dit, demandons-nous pourquoi il faudrait absolument que la transition soit désirable. Le paradoxe est que cette injonction à la désirabilité de la transition vient de courants idéologiques qui, par ailleurs, condamnent à juste titre le consumérisme à outrance et la futilité d'un monde qui se voue à une quête illimitée de plaisir. Si l'on souhaite sortir de cet *habitus* aveuglément matérialiste, il faut être cohérent et aller jusqu'au bout de la démarche. Il faut donc admettre que tout dans le monde n'a pas à être désirable ; que l'on ne fait pas dans la vie que des choses désirables. Nous faisons aussi souvent des choses parce que nous le devons, parce que nous n'avons pas le choix, parce qu'il le faut. La transition ne doit pas être désirée. Elle doit être acceptée. Acceptée en responsabilité. C'est l'idée centrale et géniale du *Principe responsabilité* de Hans Jonas. Dans cet essai, peut-être le plus important jamais écrit sur la question écologique, un livre au demeurant très pessimiste sur notre avenir, le philosophe conclut que l'humanité ne parviendra à rétablir un équilibre durable entre elle et la Nature (et les générations futures) que si elle parvient à se responsabiliser. Comment responsabilise-t-on ? Il suffit d'être parent pour le savoir. Pour responsabiliser un enfant, il faut le traiter en adulte. Le placer face aux conséquences de ses actes. C'est la même chose sur le plan collectif. Avant de voir comment, remarquons que le comportement des gens dépend du système politique dans lequel ils évoluent. Prenons un exemple caricatural pour illustrer l'idée. Le système concentrationnaire est un régime politique extrême qui favorise les comportements les plus extrêmes. En termes comportementaux, un système concentrationnaire produit ce que l'humanité peut faire de pire et, à l'occasion, ce qu'elle peut faire de meilleur. L'histoire des camps de la mort est celle d'abominables atrocités émaillées de sacrifices admirables et d'actes de résistance héroïques. Chaque système politique favorise telle ou telle facette du champ humain des possibles. Les mêmes personnes peuvent se révéler sous des jours totalement différents en fonction de la réalité politique de leur temps. C'était le message de l'existentialisme. Nous ne sommes pas a priori déterminés. Nous le sommes par les circonstances. Je l'ai personnellement expérimenté dans ma pratique professionnelle. Les mêmes parlementaires ont un comportement totalement différent selon qu'ils sont en commission ou dans l'hémicycle. Dans l'hémicycle, ils sont en situation de représentation politique et adoptent des postures idéologiques. Alors qu'en commission ils sont souvent beaucoup plus nuancés et constructifs. La même personne ne se comporte pas du tout de la même manière dans une institution ou dans une autre. Qu'en est-il en démocratie représentative ? Côté gouvernants, nous l'avons vu, la représentation électorale produit du court-termisme et du clientélisme. Mais, côté gouverné, la démocratie représentative produit aussi de la déresponsabilisation. Là réside peut-être finalement sa plus grande limite vis-à-vis de l'enjeu écologique.

Pour les gouvernés, d'un point de vue psychologique, la représentation électorale est extrêmement confortable. L'électeur fait son travail de citoyen en glissant son bulletin dans l'urne. Et basta. Ensuite, c'est à l'élu de faire. Pour le citoyen, c'est le beurre et l'argent du beurre. Non seulement il n'a pas à mettre les mains dans le cambouis des affaires de la cité, mais en plus il peut toujours se plaindre ! En démocratie représentative, par définition, il y a toujours quelqu'un d'autre que soi-même à blâmer : l'élu. C'est l'idéal. Mais c'est aussi ce qui mène droit à la dissonance cognitive actuelle en matière écologique. Les Bonnets rouges et les Gilets jaunes ne sont pas moins écolos que le reste de la population. Ils savent bien qu'il y a une grave crise environnementale et qu'il faut agir pour éviter le pire. Mais, dans le même temps, ils ne peuvent tolérer qu'on leur impose de payer pour les autres. La décision vient d'en haut. Elle est prise par des nantis qui n'ont aucune idée de leurs difficultés. L'injonction est arbitraire. Elle est inacceptable. Faisons maintenant un pari, celui que les mêmes personnes, exactement les mêmes, placées en situation de responsabilité pour prendre en main la question climatique, pourraient d'elles-mêmes prendre des décisions écologiques ambitieuses. Eh bien, ce n'est pas une expérience de pensée, car c'est ce qu'a prouvé l'expérience bien réelle de la Convention citoyenne française pour le climat. Annoncée par le président de la République en réponse au mouvement des Gilets jaunes et composée de 150 citoyens tirés au sort, cette Convention s'est réunie d'octobre 2019 à juin 2020 avec pour mission de « définir les mesures structurantes pour parvenir, dans un esprit de justice sociale, à réduire les émissions de gaz à effet de serre d'au moins 40 % d'ici à 2030 par rapport à 1990 ». Les 150 citoyens tirés au sort n'étaient pas particulièrement écolos ; ils n'étaient pas particulièrement sensibilisés au sujet avant de participer à la Convention. Ils ont pourtant accouché du train de mesures écologiques le plus ambitieux jamais proposé en France. La différence entre le Gilet jaune et le Conventionnel ? La responsabilité. Au sein de la Convention, les citoyens ont été directement investis du problème. Ils ont été extraits de leur situation personnelle et quotidienne. Ils ont été commis à prendre de la hauteur, à rendre compte face à l'humanité, la planète et l'Histoire. En un mot, ils ont été investis d'une responsabilité. Ensuite, ce qui devait arriver arriva. Soumises à l'exécutif et au législatif, les propositions de la Convention furent soit tout simplement écartées, soit systématiquement rabotées. Passées au laminoir du système représentatif, c'est-à-dire à la moulinette du court-termisme et du clientélisme, il ne subsista plus des 149 propositions de la Convention qu'un corpus anémié. Comme il fallait s'y attendre, les élus ne surent que détricoter. L'expérience de la Convention citoyenne est un exemple caricatural tant des limites écologiques de la représentation électorale que du potentiel de responsabilisation des citoyens. Comment donc transformer nos institutions pour lutter contre les travers de l'électoralisme et cesser d'infantiliser les citoyens ? En passant à la démocratie directe.

En effet, deux voies peuvent théoriquement être empruntées pour adapter notre système politique à l'enjeu écologique : d'une part, aménager la démocratie représentative ; d'autre part, essayer la démocratie directe. En pratique, la première est une voie de garage. D'abord, aménager la représentation ne peut traiter que l'un des deux maux dont souffre la démocratie. À savoir celui du court-termisme et du clientélisme des élus. Mais un simple aménagement de la représentation n'est d'aucun secours pour lutter contre le syndrome de la déresponsabilisation des gouvernés. Donc, pour prévenir la résistance au changement écologique. Au contraire, le recours direct au peuple permet de faire d'une pierre deux coups : shunter les élus, donc leurs travers, et responsabiliser. Ensuite, il n'y a pas trente-six moyens d'aménager la démocratie représentative pour guérir le système électoral de sa myopie. Primo, il est possible d'interdire le cumul des mandats dans le temps. Autrement dit, d'instaurer le mandat unique, de consacrer l'impossibilité d'être réélu. Avec pour corollaire un allongement de la durée des mandats afin de permettre à l'action de s'inscrire dans un minimum de durée. Le mandat unique dans le temps a le pouvoir de changer totalement la perspective des élus. En effet, dans le système actuel, en l'absence de limitation de l'élection à un mandat, l'objectif des élus est de se faire réélire. Le clientélisme est fils du carriérisme. Au contraire, ne pouvoir être élu qu'une fois, surtout pour un mandat long, incite à prendre des décisions sans chercher à satisfaire les intérêts particuliers de tel ou tel groupe d'électeurs. Donc à rendre compte face à l'Histoire pour laisser une trace plutôt que face au corps électoral. Mais, bien sûr, cela n'est pas une garantie à toute épreuve. Car les élus peuvent tout aussi bien avoir le souci de leur vie d'après durant leur mandat et donc obéir à une autre forme de carriérisme. Pour aller plus loin contre « la dictature de l'urgence », pour reprendre l'expression de Gilles Finchelstein [1], nombre d'auteurs ont proposé la création d'une « chambre du futur ». Ainsi en est-il de l'historien Pierre Rosanvallon, qui l'appelle, lui, « académie du futur », et dont les contours ont été précisés par deux chercheurs de la Fondation Jean-Jaurès [2] : une assemblée consultative ayant vocation à institutionnaliser la participation des chercheurs et universitaires de toutes disciplines à la décision publique. Elle serait chargée de rédiger les études d'impact des projets gouvernementaux et d'évaluer les politiques publiques. En un mot, un machin inutile de plus. Pour qu'une telle institution ait une chance de changer le cours des choses, elle devrait pouvoir contraindre les élus. Ce qu'ont proposé en Grande-Bretagne Rupert Read avec sa chambre de « gardiens du futur [3] » et en France Dominique Bourg et la Fondation pour la Nature et pour l'Homme avec leur « assemblée du

---

1. Gilles Finchelstein, *La Dictature de l'urgence*, Fayard, 2011.

2. Gaëlle Champon, Vito Marinese, *Quelle Académie du futur ?* Note n° 96, Fondation Jean-Jaurès, 9 juin 2011.

3. Rupert Read, *Guardians of the Future. A constitutional Case for Representing and Protecting Future People*, Green House, 2008.

long terme[1] ». Dans les deux cas, l'institution envisagée aurait un pouvoir d'initiative législative propre et un droit de veto sur les lois passées par le Parlement traditionnel. Son pouvoir d'initiative législative promet d'être largement inconsistant. En effet, faute de disposer des moyens ministériels, le pouvoir d'initiative législative des assemblées, quelles qu'elles soient, est en pratique résiduel. De plus, initiative législative ne signifie pas autonomie législative. Les propositions de loi émanant des « gardiens du futur » ou de l'« assemblée du long terme » devraient être soumises aux assemblées parlementaires et courraient donc le risque d'être rabotées tant par l'exécutif que par le législatif, comme ce fut le cas pour les propositions de la Convention citoyenne pour le climat. Le seul pouvoir substantiel d'une telle institution serait donc son droit de veto. Mais se poserait cette fois un problème de légitimité démocratique. L'assemblée du long terme proposée par Dominique Bourg serait composée de trois collèges : un collège de 50 citoyens tirés au sort, un collège de 50 spécialistes de l'environnement et un collège de 50 représentants de la société civile, eux aussi tirés au sort sur la base de listes nationales. La légitimité démocratique du premier collège serait indéniable. Mais

---

1. Dominique Bourg (dir.), *Pour une 6ᵉ République écologique*, Odile Jacob, 2011 ; Dominique Bourg, *Inventer la démocratie du XXIᵉ siècle. L'Assemblée citoyenne du futur*, Les Liens qui libèrent, 2017.

bien sûr pas celle des deux autres. Cela reviendrait à créer un pouvoir législatif fondé sur l'expertise ou l'engagement militant. Inscrire la démocratie représentative dans le long terme supposerait alors d'en restreindre le caractère démocratique. Même pour la bonne cause, que des scientifiques ou des patrons d'ONG puissent censurer les représentants élus de la Nation pourrait engendrer quelques remous. C'est un euphémisme. À moins, comme le propose Rupert Read, que tous les « gardiens du futur » soient tirés au sort dans la population. Ce qui introduirait une dose de démocratie directe dans le système. Mais, dans ces conditions, pourquoi s'arrêter en si bon chemin au profit d'un système si bancal et au potentiel si limité ?

Nous l'avons vu, la Convention citoyenne pour le climat a prouvé que la démocratie directe pouvait accoucher de réformes écologiques bien plus ambitieuses que la démocratie représentative. Pourquoi ne pas en faire une assemblée permanente ? Voire la décliner à l'échelon local ? Et surtout, pourquoi ne pas lui donner un véritable pouvoir décisionnaire ? C'est-à-dire sortir l'écologie du champ des politiques parlementaires ordinaires. Faire de l'écologie un domaine de législation directe. D'aucuns pourraient néanmoins s'émouvoir qu'un tel pouvoir soit donné à un petit nombre de citoyens tirés au sort. Et ils auraient raison. Ce qui militerait pour un système de démocratie directe à deux étages : à la Convention citoyenne d'élaborer des propositions, au peuple dans son entier de les adopter ou de les rejeter. Les propositions de la Convention pourraient être soumises par référendum à l'ensemble du peuple, comme il en fut question un temps pour celles de la Convention citoyenne de 2020. Cette formule présenterait un avantage majeur par rapport aux référendums classiques. Souvent, quand un référendum est organisé, on ne répond pas à la question posée, mais à celui qui la pose. En France, le référendum a souvent été perçu comme un plébiscite du président de la République. En l'occurrence, rien de tel, la question étant posée par une Convention citoyenne, son message ne serait pas brouillé. En revanche, on pourrait regretter que les citoyens aient seulement un choix binaire à effectuer, « oui » ou « non », pour se prononcer sur un grand train de réformes. Mais, là encore, la démocratie directe est pleine de ressources, puisqu'il est possible et aisé d'organiser des référendums à choix multiples. La technique permet au choix démocratique de s'exprimer de la manière la plus précise possible. Avec un référendum à choix multiple, les Français auraient pu, par exemple, voter pour ou contre chacune des propositions de la Convention citoyenne. Ils auraient pu toutes les adopter et rejeter celle qui, semble-t-il, était la moins consensuelle, à savoir l'abaissement de la vitesse maximale à 110 km/h sur autoroute. Mais pourquoi ne pas aller encore plus loin ? Nous n'en avons pas conscience, mais le Web a rendu possible une révolution politique sans précédent. Pour la première fois depuis 2500 ans, il a rendu de nouveau possible la démocratie directe. Ce que l'on pouvait faire dans l'Athènes du Ve siècle avant Jésus-Christ ne l'était plus dans la France du XVIIIe siècle, quand eut lieu la Révolution. En 1789, on ne pouvait pas rassembler tous les Français place de la Concorde pour les consulter sur les affaires du pays, comme on rassemblait jadis tous les citoyens d'Athènes sur l'Agora. Il fallut donc bien inventer un système de gouvernement capable de suppléer à cette impossibilité technique. C'est ainsi que naquit la démocratie représentative. Mais, grâce aux NTIC [1], il redevient possible de réunir tous les citoyens en même temps sur l'Agora. L'Agora numérique. De fait, nous passons notre temps à voter avec nos téléphones et sur Internet. Pour noter notre chauffeur Uber, liker un post ou commenter une prestation. Nous passons notre temps à voter en ligne, mais pour des futilités, pas sur les affaires de la cité. C'est ce qui pourrait demain changer. Car plus rien ne s'oppose techniquement à ce que tous les citoyens votent les lois et les décrets. Mais ce n'est pas tout. Car les outils numériques permettraient en sus aux citoyens de prendre une part active dans l'élaboration des textes eux-mêmes, donc de ne plus seulement se prononcer

---

1. Nouvelles technologies de l'information et de la communication.

de manière passive sur telle ou telle disposition venue d'en haut. Telle est la promesse des plateformes de type « marchés prédictifs ». Dans un marché prédictif, tout un chacun peut parier en ligne sur un événement futur. L'expérience a prouvé que les résultats des marchés prédictifs sont toujours meilleurs que les évaluations des meilleurs experts, c'est-à-dire plus proches des valeurs finalement observées. Parce que le marché prédictif permet de mobiliser la sagesse des foules, d'agréger les parcelles d'information et d'intuition dont chacun est détenteur pour en faire émerger une réflexion consolidée. Des plateformes de ce type peuvent être créées pour agréger non pas des évaluations numériques, mais des propositions textuelles. Avec de tels outils, la collectivité entière pourrait tenir la plume du législateur. Comme l'explique sans relâche Émile Servan-Schreiber, le héraut de l'intelligence collective, son potentiel en tout domaine est colossal [1]. C'est en particulier le cas en matière environnementale. Grâce à elle, c'est le peuple dans sa totalité qui pourrait prendre part aux travaux de la Convention citoyenne pour le climat de demain.

Et si le peuple ne s'avérait pas si écolo que cela ? La dernière fois que j'ai exprimé publiquement mon enthousiasme pour la démocratie directe dans

---

[1]. Voir Émile Servan-Schreiber, *Supercollectif. La Nouvelle puissance de nos intelligences*, Fayard, 2018.

l'optique de la transition, certains esprits chagrins, mais pleins de bon sens, n'ont pas manqué de me faire remarquer que l'on ne pouvait jamais préjuger du résultat d'une consultation populaire. « Qu'est-ce qui peut bien lui faire croire que les gens iront dans son sens ? » ai-je pu lire en commentaire de l'une de mes interventions sur Twitter. C'est vrai, on ne peut être sûrs de rien. Mais il y a trois choses à répondre à cela. Premièrement, encore une fois, la Convention citoyenne a envoyé un signal très fort en faveur de la démocratie directe pour accélérer la transition. C'est un argument empirique. Deuxièmement, sur le plan théorique, on peut avancer que ce qu'a fait la Convention citoyenne correspond bien à la logique de la responsabilisation. Si le bon sens est la chose la mieux partagée du monde et que sauver la planète relève du bon sens, alors… Enfin, le pari de la démocratie directe pourrait être conçu comme un pari pascalien. Nous n'avons pas vraiment le choix de l'essayer, car la situation actuelle est grippée et si nous n'agissons pas assez, ou pas assez vite, demain nous risquons la dictature.

Mais comment faire advenir un tel changement ? Question clef. À l'évidence, il n'arrivera pas par l'opération du Saint-Esprit, pas plus que par celle d'un monarque éclairé. À l'évidence, il va nous falloir forcer notre destin…

Forcer la représentation

Un indice en guise de point de départ : la Convention citoyenne pour le climat est un pur produit du mouvement populaire des Gilets jaunes… Il s'agissait d'une revendication du collectif des « gilets citoyens », formé dans le sillage de l'insurrection des Gilets jaunes. La Convention citoyenne fut décidée par le chef de l'État à la suite du Grand Débat national dans l'optique de mettre fin à la crise. Pour le pouvoir, elle n'était rien d'autre qu'un moyen d'en sortir. Encore quelque chose d'instructif. Un mouvement hostile à une mesure environnementale « autoritaire » a fini par accoucher d'un plan écologique ambitieux. Le philosophe Hegel y verrait une expression de sa dialectique de l'Histoire, un « retournement » dont le fil des événements collectifs est coutumier. Nous retiendrons surtout que la lutte sociale a enfanté d'un embryon prometteur de transition. À l'instar du rôle que la lutte a pu jouer en matière d'acquis sociaux, elle promet d'être déterminante en matière d'avancées écologiques. Ce qui pose le problème spécifique de l'illégalité et de la violence et, plus globalement, de savoir comment l'activisme vert peut demain maximiser son efficacité.

L'autre clef du déblocage systémique

Ainsi arrivons-nous au terme de notre quête de déblocage systémique. Nous avons vu que seules

les démocraties occidentales pouvaient jouer le rôle de chef de file de la transition et entraîner derrière elles tous les autres acteurs (nous verrons plus tard par quelle mécanique). Nous avons aussi vu que, pour ce faire, les démocraties occidentales devaient surmonter les limites inhérentes au système de la représentation électorale. Or, seule l'opinion publique occidentale peut forcer à un tel dépassement. La clef du déblocage systémique est donc double : les gouvernements occidentaux ET l'opinion occidentale. Ou plutôt, les gouvernements occidentaux PAR l'opinion occidentale. Il faut considérer que le chef de file de la transition ne peut être que bicéphale. Et la clef du déverrouillage bifide. Il faut aussi réévaluer les rôles de l'individu et de la société civile dans la transition. Au chapitre précédent, consacré aux verrous systémiques, nous avions conclu que la capacité d'action individuelle pour mener la transition était limitée. C'était vrai. Car nous nous concentrions sur les capacités de l'individu à réduire seul son empreinte environnementale. Mais l'individu, seul ou organisé au sein de la société civile, a une autre capacité d'action, indirecte celle-là. La capacité de faire pression sur les élites économiques et politiques. Et le potentiel de ce levier-là est autrement plus important. En caricaturant, on pourrait dire que, pour faire avancer la cause de la transition, mieux vaut interpeller le président de la République au Salon de l'agriculture que trier ses déchets. Même si, évidemment, l'un n'empêche pas l'autre...

Cela, des foules de plus en plus nombreuses l'ont compris. Nous vivons un printemps de l'activisme écologique. Son efflorescence, notamment depuis l'émergence de la personnalité de Greta Thunberg, est incontrôlable. Il se déploie tous azimuts et entretient un climat permanent d'urgence écologique. Des décennies durant, la pression environnementale ne fut qu'éruptive. Elle ne s'exerçait que ponctuellement, à l'occasion de la publication d'un rapport du Giec, de l'organisation d'une COP ou d'une catastrophe naturelle, pour retomber immédiatement comme un soufflé, emporté par la fièvre médiatique. Grâce au militantisme vert, l'écologie s'invite maintenant presque quotidiennement en une des journaux. C'est cela qui est nouveau. Et c'est pour cela que, globalement, le militantisme vert est un vecteur d'espoir sans précédent.

Pour autant, toutes les actions écologiques se valent-elles ? Bien sûr que non. Et ne peuvent-elles pas gagner en puissance ? Bien sûr que oui. Pour s'en convaincre, il faut commencer par défricher le maquis de l'activisme écologique. Il recouvre toute action susceptible d'influencer l'opinion publique et les dirigeants en faveur d'une (beaucoup) plus grande prise en compte de l'environnement. C'est un champ énorme, qui va du journalisme engagé à la vulgarisation scientifique en passant par la création artistique, le lobbying ou les opérations coup de poing destinées à faire le buzz. Pour y voir plus clair, il est utile d'en dresser une typologie. Il est possible de classer les actions écologistes en fonction de leurs objectifs prioritaires. On peut en déterminer cinq : réclamer, dénoncer, protéger, perturber et attaquer. Réclamer des politiques écologiques, c'est le rôle du vote, du lobbying institutionnel, des pétitions, des tribunes, des marches, des grèves et des happenings tels que ceux organisés par le collectif Dernière rénovation. Dénoncer, c'est stigmatiser le comportement écologiquement irresponsable d'individus, d'entreprises, de gouvernements, voire de l'humanité tout entière. C'est le rôle du journalisme, des lanceurs d'alerte, de l'art écologique ou encore des actions de *shaming* sur les réseaux sociaux ou ailleurs. Protéger, c'est tenter de sanctuariser certains lieux et défendre la faune et la flore. C'est le principe des ZAD (pour zones à défendre). C'est ce que faisait aussi Greenpeace en s'interposant entre les baleines et leurs chasseurs. L'item « perturber » regroupe toutes les actions dont le but est de paralyser ou bloquer le fonctionnement normal de la société, le *business as usual*. C'est le cas des actions du mouvement allemand Ende Gelände, qui, via la technique du « camp climat », vise à empêcher ponctuellement la production de charbon. Le cran du dessus, c'est « attaquer », c'est-à-dire porter physiquement atteinte à des biens jugés nocifs pour l'environnement, comme faucher des OGM ou crever les pneus des SUV[1]. Mais « attaquer », c'est aussi le faire sur le plan juridique ; c'est demander réparation et faire par exemple condamner la France pour inaction climatique, comme y est parvenue la mobilisation de L'Affaire du siècle.

Cette typologie n'est pas exempte de reproches. Car il n'est pas toujours facile de dégager l'objectif prioritaire d'une action et une même action peut poursuivre plusieurs objectifs concurremment. Ainsi, un grand nombre d'actions sont sur le fil entre réclamation et dénonciation. Perturber la cérémonie des Césars ou le tournoi de Roland-Garros, asperger Matignon de peinture orange ou se coller à une BMW, c'est à la fois réclamer et dénoncer. De même, bloquer le périphérique perturbe le *business as usual*, mais dénonce aussi notre aveuglement climatique. La distinction entre protection (de la Nature) et attaque (des biens) n'est pas non plus toujours limpide. Ainsi, la mobilisation des Soulèvements de la Terre vise autant à protéger les nappes phréatiques qu'à porter atteinte à l'infrastructure des méga-bassines. C'est pourquoi une typologie fondée sur les modalités d'action est sans doute plus pertinente. Une telle typologie impose d'établir d'emblée une *summa*

---

1. Les auteurs de telles actions préfèrent le terme « désarmer ». Ils « désarment » les activités portant atteinte à la planète. Voir le chapitre sur le désarmement dans *On ne dissout pas un soulèvement, 40 voix pour Les Soulèvements de la Terre*, collectif, Seuil, 2023.

divisio entre, d'une part, les actions légales et, d'autre part, celles qui ne le sont pas. Et ensuite de distinguer au sein des actions illégales celles qui sont violentes de celles qui demeurent pacifiques. C'est sous la bannière de la désobéissance civile que se rangent aujourd'hui toutes les actions illégales mais non violentes. Les autres sont de plus en plus souvent jetées dans le fourre-tout de l'écoterrorisme. Une telle classification soulève la problématique évidemment la plus brûlante posée par l'activisme vert : jusqu'où peut-il et doit-il s'affranchir de ce qui est permis ? Jusqu'où peut-on en particulier employer la force, voire la violence, pour faire avancer la cause environnementale ? La question n'est pas nouvelle. Elle s'est posée tout au long du XXe siècle en ce qui concerne par exemple la cause sociale. De la même manière que beaucoup ont pensé des décennies durant que seule la lutte armée pouvait avoir raison de l'aliénation économique, des voix s'élèvent aujourd'hui pour considérer que la protestation écologique pacifique n'est plus suffisante. C'est le cas par exemple de l'activiste Andreas Malm, auteur d'un manifeste au titre éloquent : *Comment saboter un pipeline*[1]. Il faut se poser ici la question des limites de l'activisme vert.

---

1. Andreas Malm, *Comment saboter un pipeline*, La Fabrique, 2020.

Illégalité et violence, un mal nécessaire

La problématique de l'illégalité et de la violence écologiques a des similitudes avec celle de la dictature verte. Nous la traiterons donc de la même manière, c'est-à-dire sans se placer sur le terrain de la morale, donc sans condamnation a priori, uniquement de façon froidement pragmatique : les actions illégales et violentes peuvent-elles être utiles pour stimuler la transition ? De la même manière que nous nous sommes demandé si la dictature serait plus efficace que la démocratie pour mener à bien cette transition (et avons répondu par la négative), il faut maintenant se demander si les coups de force peuvent être plus efficaces que le militantisme pacifique pour débloquer les choses.

Premièrement, exactement comme pour la comparaison entre démocratie et dictature, on ne peut caricaturer le débat en opposant d'un côté un militantisme pacifique qui n'arriverait à rien et, de l'autre, des coups de force capables d'aller au but. Car l'activisme légal et non violent ne s'est pas avéré inutile. Il a déjà produit des résultats. Comme nous l'avons vu au chapitre précédent, on ne peut pas dire que rien n'a été fait en matière environnementale. S'il y a eu le Protocole de Montréal contre le trou de la couche d'ozone, s'il y a eu l'Accord de Paris contre le réchauffement climatique, s'il y a eu l'Accord de Nairobi contre l'effondrement de la biodiversité, pour ne citer que quelques-uns des exemples les plus flagrants, c'est bien parce que les scientifiques, les médias et les ONG n'ont cessé d'alerter le monde depuis cinquante ans. Mais il est aussi vrai que, malgré cela, la maison continue de brûler. Se pose donc la question non de l'inutilité de l'action pacifique, mais de son utilité relative. Face au risque encouru et à l'urgence, peut-être faut-il se résoudre à changer de méthode. Peut-être n'avons-nous plus les moyens de la légalité et du pacifisme, de la même manière que nous nous sommes demandé si nous avions encore les moyens de la démocratie. Pour trancher la question, il faut revenir sur le rôle qu'ont bien pu jouer les coups de force dans les luttes passées.

Or, deuxièmement, une approche historique tend à démontrer que rares sont les avancées politiques ou sociales obtenues sans violence. Dans *Why Civil Resistance Works*[1], les chercheuses Erica Chenoweth et Maria J. Stephan tentent pourtant de prouver le contraire. Elles concluent que, de 1900 à 2006, les campagnes de résistance non violentes ont atteint leurs objectifs deux fois plus souvent que leurs équivalents violents. Selon elles, la non-violence serait donc deux fois plus efficace que la violence. Cette conclusion, qui constitue la base idéologique du mouvement écologiste Extinction

---

1. Erica Chenoweth, Maria J. Stephan, *Why Civil Resistance Works, The strategic logic of nonviolent conflict*, Columbia University Press, 2012.

Rébellion, est pourtant très discutable. Andreas Malm souligne que Chenoweth et Stephan n'y parviennent qu'au prix d'oublis colossaux. Pour avancer leur thèse, elles font preuve d'une mémoire sélective qui transforme l'Histoire en conte de fées. Ainsi, l'abolition de l'esclavage est loin de s'être faite sans effusion de sang. Il n'est qu'à songer à la révolution haïtienne et, pire encore, à la guerre de Sécession. En Angleterre, les Suffragettes ont fini par faire entendre leur voix après avoir brisé des vitrines et incendié tout un tas de choses d'un bout à l'autre du pays. La fin de l'Apartheid n'est pas seulement imputable au mouvement Arc-en-ciel, mais aussi aux émeutes de Soweto. La décolonisation n'a pas toujours été pacifique non plus, loin de là. Et ainsi de suite. Pour un Nelson Mandela ou un Gandhi victorieux, combien de débordements violents ? L'arbre pacifiste ne peut pas cacher la forêt des luttes armées. Il n'est qu'à songer au mouvement ouvrier et aux acquis sociaux. La radicalisation y a joué un rôle depuis l'époque de *Germinal*. En allant un peu plus loin, ce que démontre l'Histoire, c'est que l'œuvre de la violence et de la non-violence est indémêlable. La part de la menace est inextricable de celle de la pression pacifique. Il y a toujours eu dans tout mouvement des ultras et des modérés. Loin de s'opposer, ils se complètent. C'est parce que les uns existent que les autres peuvent être entendus.

Même quand c'est le pacifisme qui semble triompher, ce succès peut être lié à l'existence d'un risque de dérapage. Le couteau entre les dents n'est jamais très loin dans l'ombre du négociateur. Derrière Martin Luther King, il y avait Malcolm X. Derrière l'Autorité palestinienne, il y a le Hamas. La menace révolutionnaire a toujours plané au-dessus des négociations sociales. Et pas d'indépendance pacifique de l'Afrique française sans la douloureuse expérience des guerres d'Indochine et d'Algérie. Face à l'Histoire, coups de force et pacifisme forment un couple indissociable. Si le pacifisme est utile, et nous avons vu que l'activisme écologiste pacifique l'était, son utilité est démultipliée par l'existence d'une altérité moins conciliante. Pour que le *good cop* l'emporte, encore faut-il qu'il y ait un *bad cop*. Il serait étonnant que, de tous les combats, la lutte écologique fasse exception. *A contrario*, il est encore plus étonnant de constater qu'un véritable écoterrorisme n'a pas encore émergé.

Une réflexion qui, troisièmement, fait basculer de l'approche historique à l'approche prospective. Pour considérer que les violences écologistes actuelles ne sont sans doute rien à côté de la violence que pourrait demain déchaîner la crise environnementale. Primo, plus le sentiment d'inaction durera, plus le mouvement aura tendance à se radicaliser. Cela, jusqu'à l'apparition d'un véritable écoterrorisme. On ne peut en effet pas qualifier d'actes terroristes ceux qui ont été perpétrés jusqu'ici au nom de la cause environnementale, même les plus violents. Il y a dans le terrorisme, comme son nom l'indique, une volonté de semer la terreur et quelque chose d'aveugle que l'on ne retrouve pas dans les opérations vertes, même les plus dures menées à ce jour. De plus, le terrorisme est capable de s'en prendre à la fois aux biens et aux personnes. Le sabotage et le vandalisme nus pratiqués par les écolos ne sont pas du terrorisme. À l'heure où l'éco-anxiété devient un mal de société, il est très surprenant que cet écoterrorisme n'ait pas encore vu le jour. On peut penser que, tôt ou tard, cela arrivera. Mais peut-être pas comme on le croit. Peut-être l'écoterrorisme ne sera-t-il pas le fait d'organisations descendantes des Soulèvements de la Terre ou d'Extinction Rebellion. Une possibilité sur laquelle j'ai travaillé dans les années 2010 et qui, heureusement, ne repose encore sur rien de tangible, est que l'islamisme finisse par découvrir l'écologisme. Pour l'heure, les groupes islamistes n'ont aucun tropisme écolo. Les représentants des Frères musulmans que j'ai rencontrés sur le sujet m'ont confirmé que leur rapport à l'environnement ne se distinguait en rien de celui des pays en développement de manière générale [1]. Ils étaient exclusivement préoccupés de questions sanitaires et n'avaient aucune conscience

---

1. Entretien avec Walid El Sanossi et Nader Bakkar, Le Caire, 15 juin 2012.

de la crise environnementale globale. Mais cela pourrait changer. En fait, cela aurait même déjà dû changer. Tous les arguments sont réunis pour que l'islamisme ajoute à la longue liste des griefs qu'il a contre l'Occident celui de mettre à sac la planète. Tous les éléments sont là pour qu'Al-Qaïda se fasse le héraut de la nature et que l'islam radical verse dans l'écoterrorisme. Fondement théologique : saccager la nature, c'est piétiner l'œuvre de Dieu. Or, c'est bien l'Occident qui l'a principalement saccagée. L'Islam prône un rapport de tempérance à la nature ; ne point trop prélever, ne point trop tuer. Le faire pour satisfaire ses besoins essentiels, pas au-delà. Un rapport aux antipodes de la mise en coupe réglée du monde par la civilisation occidentale, qui ne peut être que l'œuvre du Grand Satan. À ces justifications théologiques se superpose une réalité sociologique : les théoriciens du djihad sont très occidentalisés. Nombre d'entre eux ont fait des études en Europe ou aux États-Unis. C'est-à-dire dans des pays où la prise de conscience écologique est la plus avancée. Dans ces conditions, il ne serait au fond pas surprenant que, demain, le djihad se réinvente, se dépoussière, se modernise, se mette à la page pour séduire de nouveaux publics en devenant écolo. Les deux verts seraient alors réunis, celui de l'islam et celui de l'écologie. Et l'écoterrorisme émergerait bien d'où on ne l'attend pas. Quand bien même cet écoterrorisme islamique n'adviendrait jamais, le risque de radicalisation du mouvement écologiste est bien réel. Secundo, la désobéissance civile écologiste actuelle apparaît bien dérisoire en comparaison de ce que devra endurer l'humanité si le réchauffement climatique devient incontrôlable. Bien peu de chose en comparaison du chaos qui pourrait régner dans la bande tropicale en cas d'effondrement du Sud. Bien peu de chose encore en comparaison de la violence que pourraient exercer les néo-dictatures bleues et vertes que nous avons déjà évoquées au nord.

Autant d'arguments qui conduisent à penser qu'un certain degré d'illégalité et de violence écologique est non seulement inéluctable, mais même, dans une certaine mesure, salutaire. Salutaire, car cette violence contrôlée pourrait jouer le rôle de paratonnerre, c'est-à-dire prévenir de bien plus grandes violences en accélérant la transition. Et salutaire aussi car, malheureusement, la transition n'avancera sans doute pas autant qu'il le faudrait sans une certaine menace à l'ordre public. Une menace complémentaire des actions légales et pacifiques par ailleurs menées. Reste à déterminer l'essentiel : ce que l'on entend par « un certain degré » d'illégalité et de violence. Car le constat fait ici ne peut justifier toute violence et toute illégalité. Toujours dans un esprit de pragmatisme, la violence écologique ne peut dépasser les bornes de l'acceptabilité sociale. Autrement dit, au risque de mener des actions contre-productives, le mouvement écologique ne peut se permettre de choquer l'opinion. Ce qui d'emblée proscrit toute atteinte aux personnes ou risque d'atteinte aux personnes, quelles qu'elles soient. Le critère de l'acceptabilité sociale est clef pour jauger les actions violentes. Mais les autres actions aussi devraient être évaluées à son aune. Ce n'est pas parce qu'une action ne serait pas violente qu'elle pourrait se permettre d'être choquante ou incompréhensible. Ainsi, le paradigme de la violence prouve que, plus globalement, toute action écologique, qu'elle soit légale ou non, violente ou non, devrait être passée au crible de critères d'évaluation objectifs pour que l'activisme vert puisse pleinement jouer son rôle.

Maximiser l'efficacité de l'activisme vert : déterminer les bonnes actions et les bonnes revendications

Retour, donc, à nos deux questions initiales : toutes les actions écologiques se valent-elles et peuvent-elles gagner en puissance ? Dans le foisonnement de l'activisme vert actuel, une revue critique s'impose. Pour que le mouvement devienne la clef de déblocage systémique qu'il a le potentiel d'être, nous suggérons que les actions écologiques soient évaluées à l'aune de critères objectifs. C'est déjà ce que suggérait Matthew Lyon en introduction à la troisième édition de la bible de l'écosabotage, *Ecodefense*[1]. En effet, bien avant Andreas Malm, ce guide pratique, devenu culte, listait de manière exhaustive toutes les techniques du sabotage écologique. Dans son introduction, Matthew Lyon suggérait qu'avant toute action les activistes se demandent : Qui est mon public ? Quel est mon message ? Mon action va-t-elle empêcher de futures atteintes écologiques ? Y a-t-il des voies légales non encore exploitées avant de verser dans l'illégalité ?

Dans le même esprit, adapté à l'époque actuelle, nous proposons que toute action écologique de désobéissance civile soit évaluée à l'aune de cinq critères avant d'être entreprise. Premièrement, la visibilité. Dans la médiacratie qui est la nôtre, une vérité dont personne n'a vent n'existe pas. Il faut faire le buzz. Dans ce monde, bloquer une route porte bien plus que publier dans une revue à pairs. Ce qui est extrêmement frustrant pour les chercheurs, scientifiques et intellectuels qui effectuent un travail de fond sur la question environnementale et essaient en vain de faire entendre leurs conclusions. J'avoue m'être moi-même demandé s'il ne vaudrait pas mieux faire une fois du nudisme militant aux Galeries Lafayette plutôt que de publier des essais… Le rapport d'efficience temps investi / impact médiatique serait à l'évidence sans

---

1. https://theanarchistlibrary.org/library/various-authors-ecodefense-a-field-guide-to-monkeywrenching

commune mesure. D'un côté, entre trente minutes et une journée (en cas de passage au poste) pour probablement être vu et reçu partout. De l'autre, des heures et des heures de travail pour espérer surnager vaguement dans le bruit de l'actualité... C'est ce constat qui a poussé à la création de Scientist Rebellion, organisation sœur d'Extinction Rebellion. Comme son nom l'indique, elle rassemble des scientifiques qui, frustrés de voir leurs travaux ignorés, ont décidé de sortir de leurs facs et de leurs labos pour mener des actions publiques coup de poing. Le critère de la visibilité indique que la recherche rigoureuse ne peut porter si elle demeure confidentielle ou réservée au microcosme des sachants.

Deuxième critère, l'intelligibilité. On a récemment vu fleurir des actions de militantisme vert dont le sens laisse songeur. Ainsi de l'aspersion de soupe sur des œuvres d'art. Quel rapport avec l'environnement ? En quoi cela peut-il éveiller les consciences ? Autre exemple : la perturbation de la cérémonie des Césars par une militante de l'organisation Dernière rénovation avec écrit sur son t-shirt : « *We have 761 days left* » (« Il nous reste 761 jours »). Pourquoi 761 jours ? Sur la base du rapport du Giec, c'était le nombre de jours restant à la date de l'évènement pour que les émissions de carbone plafonnent afin de limiter le réchauffement à 1,5° C. Mais encore faut-il le savoir ! Ça ne parle à personne !

Nous avons déjà rencontré le troisième critère. C'est celui de l'acceptabilité. Pour qu'une action écologique porte, elle ne doit pas susciter d'indignation ou de rejet populaire. À ce titre, on peut par exemple se demander si les opérations de blocage des routes ou du périphérique, qui exaspèrent leurs usagers, ne sont pas contre-productives.

Le quatrième critère est celui de l'efficacité. Quels résultats concrets peut-on en attendre ? Une opération de *shaming* (dénonciation) d'une marque pour *greenwashing* peut être d'une extrême efficacité si elle conduit à un boycott de la marque en question. Perturber sérieusement l'exploitation de mines de charbon peut être extrêmement efficace, car cela est de nature à renchérir l'exploitation de cette énergie fossile et donc porter atteinte à sa compétitivité par rapport au gaz (beaucoup moins émetteur) et, surtout, au nucléaire et aux renouvelables. De même le Suisse Guillermo Fernandez a-t-il fait une grève de la faim de trente-neuf jours pour réclamer que le Parlement helvétique soit formé aux enjeux climatiques. Et il a obtenu gain de cause ! Quelle efficacité remarquable ! Mais cela change-t-il quelque chose à la donne globale ? Et même seulement suisse ? Des questions qui nous font basculer sur le dernier critère.

Le dernier critère est peut-être finalement le plus important. C'est celui de la pertinence. Que demande le mouvement écologiste ? Que réclame-t-il ? Souvent, rien de bien précis. De l'action écologique sans plus de précision. Il laisse donc aux décideurs le soin d'interpréter sa protestation. Et quand les mouvements écologistes formulent des réclamations précises, elles sont souvent peu ou pas pertinentes. Nous venons de donner l'exemple de Guillermo Fernandez (former les élus ne change rien au problème structurel du court-termisme et du carriérisme électoraux). Mais il y en a beaucoup d'autres. Réclamer la fin des OGM n'est pas pertinent. Les OGM ne constituent pas aujourd'hui le problème écologique numéro un. Réclamer l'arrêt du nucléaire n'est pas pertinent non plus d'un point de vue climatique. Le collectif Dernière rénovation réclame un grand plan d'isolation thermique des bâtiments. C'est déjà plus pertinent et concret. Mais, comme nous l'avons vu, l'isolation du bâti se heurte au problème de l'effet rebond. Le mouvement écologiste doit, d'une part, être capable de formuler des revendications claires et concrètes et, d'autre part, ne pas se tromper de cible.

Selon nos analyses, toutes les actions écologistes, quelles qu'elles soient, ne devraient réclamer que deux choses. Primo, comme énoncé plus haut, le droit à une prise de décision populaire sur les questions environnementales. Donc une réforme de nature institutionnelle pour permettre au peuple de prendre directement en main son destin écologique. Secundo, en l'absence de passage à la démocratie directe, ce que le mouvement écologiste devrait revendiquer prioritairement des représentants élus, c'est qu'ils prennent les quelques mesures économiques qui, à elles seules, sont capables de tout changer radicalement et en un temps record. Quelques mesures massues qui font l'objet du chapitre suivant.

V

Les mesures économiques : réinventer le capitalisme

Réduire nos émissions de gaz à effet de serre est « un impératif moral, une question de solidarité et de justice climatique ». Les mots du secrétaire général des Nations Unies Antonio Guterres, prononcés en ouverture de la COP 27 de Charm el-Cheikh, ont fait le tour du globe. Ils sont forts et justes. Mais ils induisent en erreur. Car ils portent la question de l'action climatique sur le mauvais terrain, celui de l'éthique. Une erreur profonde et naïve. Certes, le réchauffement climatique est injuste. Certes, entre 1860 et 2018, les États-Unis et l'Europe ont causé à eux seuls près de la moitié des émissions mondiales de gaz à effet de serre (47 % selon Our World in Data [1]). Certes, les pays qui sont le plus immédiatement et durement affectés par les changements climatiques n'y ont quasiment pas contribué. Mais le monde ne se

---

1. https://ourworldindata.org/contributed-most-global-co2

décarbonera pas par souci de moralité, de solidarité ou de justice. Si le monde était régi par la vertu et l'équité, cela se saurait et son histoire eût été bien différente. Le monde est régi par la *realpolitik*. En conséquence, il ne se décarbonera pas avec des bons sentiments, mais avec des intérêts bien compris. À ce stade de l'analyse, le lecteur sourcilleux pourrait avoir le sentiment de déceler une contradiction dans le raisonnement général. Nous avons désigné l'activisme vert comme l'agent originel du déverrouillage global. Or ce dernier est bien porté par la vertu et le souci de l'intérêt général. Certes, mais il ne faut pas confondre le déclencheur et le mécanisme, l'étincelle et le carburant. L'opinion et les pays occidentaux sont les seuls à pouvoir jouer le rôle de l'étincelle. Le marché est le seul à pouvoir jouer le rôle du carburant. L'action désintéressée d'un petit nombre d'acteurs peut dégripper la machine. Mais la machine elle-même, c'est l'économie. Seuls les mécanismes de prix entraîneront tous les acteurs à tous les niveaux. Les leviers à actionner pour retourner le capitalisme sont peu nombreux et faciles à identifier. Ils promettent d'être d'une redoutable efficacité écologique. Mais aussi d'avoir un impact dévastateur sur les pays les plus pauvres et les classes sociales les moins favorisées. Ils ne peuvent donc être mis en œuvre sans redistribution. L'ensemble de ce dispositif réclame de l'argent. Beaucoup d'argent. Heureusement, la ressource financière mobilisable pour la transition est considérable.

Les leviers d'action

Ils sont au nombre de trois, attachés chacun à un niveau d'action différent : le compte carbone pour l'échelon individuel, le pilotage du prix du carbone et de l'eau à l'échelon de l'entreprise et la soumission du libre-échange à conditionnalité écologique à l'échelon international.

Levier individuel : le compte carbone

Le compte carbone individuel (ou crédit carbone, permis carbone, quotas carbone, carte carbone) consisterait à fixer un seuil annuel d'émission de gaz à effet de serre (GES) par personne. Chacun se verrait attribuer un droit à émettre gratuitement une quantité donnée de GES chaque année. Et chaque année cette quantité diminuerait dans une proportion permettant d'atteindre collectivement la neutralité carbone au bout d'une période donnée. Dans un tel système, on ne payerait plus seulement en argent sa consommation de biens et de services, mais aussi en carbone. À chaque achat de bien ou de service, la quantité de CO_2 ou équivalent émise pour le produire serait défalquée du compte carbone, de la même manière que le sont les euros correspondant à son prix. Arrivé à épuisement de son quota, deux possibilités : soit on ne pourrait plus consommer de bien ou de service carboné, soit il faudrait acheter des crédits carbone aux personnes qui en disposeraient encore.

Il est possible de proposer deux variantes à ce système simple. Premièrement, quand quelqu'un aurait épuisé son compte carbone, un troisième choix pourrait lui être proposé plutôt que de renoncer à une consommation ou d'acheter des crédits carbone à d'autres personnes : celui de payer une taxe correspondant au carbone surconsommé. L'avantage serait de générer une ressource publique pour mener la transition. Mais cette possibilité pourrait vider le compte carbone de sa substance. Il suffirait que tout le monde épuise son compte carbone et paye ensuite la taxe pour que globalement les émissions ne baissent pas. Le compte carbone ne ferait alors que générer de l'inflation sans bénéfice écologique. En revanche, la possibilité de payer une taxe carbone de consommation devrait être réservée aux non-ressortissants fiscaux ne disposant pas de compte carbone. Deuxièmement, il pourrait être question de faire fonctionner les crédits carbone comme une sorte de TVA. Autrement dit, les faire remonter d'échelon en échelon dans toute la chaîne de valeur. Le détaillant collecterait les crédits carbone des clients finaux, le grossiste les collecterait des détaillants et ainsi de suite jusqu'au producteur d'énergie fossile ou à l'émetteur direct de gaz à effet de serre. L'idée est qu'ainsi le montant des crédits collectés puisse correspondre à la taxe carbone de l'énergéticien ou de l'émetteur direct. Mais ce système serait très complexe. Et surtout, l'instauration du compte carbone ne peut conduire à devoir se priver d'un instrument plus adapté à la décarbonation des entreprises : une taxe carbone progressive dans le temps (instrument qui fera l'objet des développements suivants). Le compte carbone est parfait pour les consommateurs, pas pour les producteurs. Ne serait-ce que parce qu'il ne couvre pas les exportations, contrairement à une taxe carbone.

Théorisée pour la première fois dans les années 1990, l'idée a aujourd'hui atteint un point de maturité [1]. Techniquement, elle suppose qu'un certain volume de carbone puisse être associé à chaque bien et service. Ce qui est maintenant possible. En France, par exemple, la loi relative à la lutte contre le gaspillage et pour l'économie circulaire de 2020 a conduit à l'expérimentation d'un éco-score qui note l'empreinte écologique des produits alimentaires. Expérimentation étendue en 2021 par la loi climat et résilience au secteur du textile. En 2019, une start-up suédoise a mis au point une carte de crédit qui calcule l'empreinte carbone de chaque achat avec option de blocage à partir d'un certain seuil. Mais tout cela restait encore artisanal. En

---

1. Shaun Chamberlin, Larch Maxey, Victoria Hurth, « Reconciling scientific reality with realpolitik : moving beyond carbon pricing to TEQs – an integrated, economy-wide emissions cap », *Carbon Management*, 2014, p. 411-427.

Europe, deux mesures phares du Pacte vert devraient faciliter la mise en œuvre du compte carbone individuel : d'une part, l'extension du marché carbone et, d'autre part, l'établissement d'une taxe carbone aux frontières de l'Union. En vertu de la première, le marché du carbone européen, qui jusque-là ne s'appliquait qu'aux centrales électriques et aux sites industriels les plus émetteurs, englobera dorénavant aussi le secteur du chauffage des bâtiments, celui des transports routiers et, à terme, s'étendra aux transports maritimes et aériens et aux déchets. En vertu de la seconde, les importateurs de fer, d'acier, d'aluminium, de ciment, d'engrais ou d'électricité doivent dorénavant déclarer la quantité d'émissions contenues dans les biens qu'ils font entrer sur le marché européen. De quoi substantiellement aider à la détermination de l'intensité carbone des biens et services dans toute l'économie. L'autre fondamental technique rendant mature le concept de compte carbone est l'essor du numérique. Avant la digitalisation, il aurait été beaucoup plus compliqué à mettre en œuvre. Mais, avec les algorithmes, la gestion du compte carbone peut être entièrement automatisée.

Les obstacles aux quotas carbone individuels sont donc aujourd'hui plus politiques et sociaux que vraiment techniques. Certains y voient une menace pour les libertés publiques. Le crédit carbone pose aussi un problème d'équité. Nous aborderons ces questions ultérieurement. En dépit de cela, l'époque semble de plus en plus ouverte à l'idée. Le compte carbone a été expérimenté dans la ville finlandaise de Lahti et sur l'île australienne de Norfolk. Il a fait l'objet d'une proposition de loi en Angleterre [1]. Une large majorité du panel d'environ trois cents personnes sondées en 2021 par l'ingénieur Arnaud Van der Cam pour mesurer l'acceptabilité de la mesure s'y déclare déjà favorable [2]. La crise sanitaire de la Covid 19 pourrait avoir joué le rôle d'un point de basculement en faveur du compte carbone. C'est ce qu'indique une étude parue aussi en 2021 dans la revue *Nature Sustainability* [3] selon laquelle les progrès de l'IA couplés au besoin d'une relance bas-carbone post-pandémie offriraient à la mesure une nouvelle fenêtre d'opportunité. Cette dernière ne pourra que s'élargir à mesure que croîtra le sentiment d'éco-anxiété, que grandira la prise de conscience écologique et malheureusement aussi que s'aggraveront les conséquences de la crise environnementale.

---

1. https://edm.parliament.uk/early-day-motion/32826/personal-carbon-trading

2. Arnaud Van der Cam, *Designing an end-user carbon account scheme as a climate policy tool in the EU context*, mémoire de fin d'études, faculté des bio-ingénieurs, UC Louvain, 2021.

3. Francesco Fuso Nerini *et al.*, « Personal carbon allowances revisited », *Nature Sustainability*, 16 août 2021.

Levier d'entreprise : la taxe carbone progressive

Du point de vue de la science économique, la problématique environnementale est celle des « externalités négatives ». La notion a pour la première fois été proposée par l'économiste britannique Arthur C. Pigou, qui remarquait au début du XIXe siècle que les trains engendraient des nuisances (le bruit, la fumée) pour leurs usagers et toute personne se trouvant sur leur passage [1]. Les désagréments générés par le rail sont des externalités négatives de cette activité de transport. Pigou relevait que les compagnies de chemin de fer causaient des dommages sans en assumer la moindre responsabilité. Aujourd'hui, le phénomène est au cœur de la question écologique. Les effets collectifs indésirables des activités économiques (émission de gaz à effet de serre, atteinte à la biodiversité, pollution des milieux naturels, etc.) sont à la source de la crise environnementale. Face au phénomène, Pigou proposait d'internaliser le coût de la nuisance en taxant l'activité. Autrement dit, intégrer le coût de la nuisance dans le coût de production du bien ou du service qui en est à l'origine. Il s'agit ni plus ni moins de faire payer le responsable de cette nuisance. C'est le principe du pollueur-payeur. Deux instruments peuvent être mobilisés

---

1. Arthur Cecil Pigou, *The Economics of Welfare*, MacMillan and Co, 1920.

pour internaliser ainsi une externalité négative : le marché des droits, que nous avons déjà rencontré avec le compte carbone, et celui proposé par Pigou, la taxe. L'un et l'autre ont des avantages et des inconvénients symétriques. Le marché des droits négociables a deux grands avantages. D'abord, il permet de limiter précisément la nuisance combattue. Par exemple, pour mettre en place un marché des droits carbone, on commence par fixer un plafond d'émissions. Les droits d'émettre créés ensuite en dépendent. Il ne peut pas y avoir plus de droits d'émettre que le volume global initialement fixé. L'autre grand avantage des droits négociés est de permettre aux acteurs du marché de s'organiser librement. Le marché alloue de façon optimale les droits en fonction des besoins réels des uns et des autres. Mais l'inconvénient de ce système est que le prix de la nuisance suit le cours du marché. Il est le fruit de l'offre et de la demande de droits. Ce qui est déstabilisateur pour l'économie. La taxe a un inconvénient et un avantage exactement inverse. Elle ne peut garantir un niveau de nuisance cible. Elle ne peut donc piloter l'extinction de la nuisance. Mais elle lui fixe un prix stable. Son autre grand avantage est bien sûr de générer une ressource publique. Pour atteindre la neutralité carbone en 2050, l'Union européenne a choisi de soumettre les émetteurs primaires de GES (hors agriculture) à un marché carbone. Si un compte carbone individuel était créé dans les États, un autre marché carbone régirait les relations entre citoyens. Entre les deux, il y a tout le reste de l'économie, toutes les entreprises et tout le secteur non marchand indirectement émetteurs. Pour eux, il faut une taxe carbone. Car c'est le seul instrument permettant un pilotage des prix du carbone. Un tel pilotage pourrait s'avérer bien utile pour stabiliser les prix du carbone. En effet, les deux marchés carbone, le marché macro à l'échelle européenne et le marché micro du compte carbone individuel, devraient avoir une influence opposée sur les prix des biens et services. Le marché européen a tendance à être inflationniste, c'est-à-dire à tirer les prix vers le haut. En effet, les producteurs qui y sont soumis répercutent le prix du carbone dans leurs tarifs. Une augmentation qui se répercute ensuite dans toute la chaîne. De son côté, le compte carbone devrait avoir l'effet inverse, un effet déflationniste. Il aurait tendance à dissuader la consommation, ce qui tirerait les prix vers le bas. Idéalement, les deux effets se compenseraient en moyenne. Mais l'influence contraire des deux marchés pourrait aussi rendre à court terme le prix du carbone volatil. Une taxe carbone ajustable, comme l'est par exemple en France la taxe intérieure de consommation sur les produits énergétiques assise sur l'essence, pourrait stabiliser les prix du carbone. Et l'économie a besoin de stabilité des prix.

Mais c'est pour une autre raison que la taxe carbone serait cruciale. Elle seule serait en mesure de contrer l'effet rebond. Nous avons en effet vu que les gains d'efficacité, qui devraient jouer un rôle capital dans la transition, avaient tendance à être annulés, en tout ou partie, parce qu'ils engendrent une augmentation de la consommation. En matière de réchauffement climatique, pour éliminer l'effet rebond, il ne faut pas que les gains de décarbonation obtenus d'un côté conduisent de l'autre à une augmentation de consommation carbonée. Pour cela, il faut que le prix du carbone demeure haut, quel que soit le secteur d'activité, et qu'il augmente tendanciellement. C'est ce que permet une taxe carbone dont l'augmentation ferait l'objet d'une programmation pluriannuelle. L'établissement d'une trajectoire d'augmentation assurerait aux agents économiques la visibilité dont ils ont besoin pour anticiper et adapter leur activité. C'est-à-dire la décarboner. Sans cela, le mouvement Dernière rénovation peut continuer les coups d'éclat, jamais l'isolation thermique ne pourra pleinement porter ses fruits.

Le rapport *Facteur 5* que nous avons déjà rencontré va beaucoup plus loin en proposant la définition d'une trajectoire de hausse régulière (hors inflation) du prix de l'énergie et des matières premières dans leur ensemble [1]. Une telle mesure

---

1. *Facteur 5, op. cit.*, p. 405.

déprimerait l'ensemble de l'économie et dissuaderait même la décarbonation. Cette proposition est d'inspiration décroissantiste. Mais, sans aller jusque-là, il faut se demander si, à l'instar du carbone, certaines ressources critiques ne pourraient pas aussi faire l'objet de ce traitement. C'est à l'évidence le cas de l'eau. Un pilotage pluriannuel à la hausse des prix de l'eau est la seule mesure capable d'inciter structurellement à une réduction de sa consommation (pour ne pas dire son gaspillage).

Un tel système aurait en outre l'avantage de constituer une ressource publique dont nous verrons qu'elle pourrait jouer un rôle déterminant de redistribution. *In fine*, associé aux marchés carbone, le pilotage programmé du prix du carbone permettrait d'atteindre à la fois une réduction globale programmée des émissions de GES et la stabilité et prévisibilité dont l'économie a tant besoin. Le beurre et l'argent du beurre. Alors, à combien la taxe devrait-elle porter le coût de la tonne de carbone pour que nous puissions respecter les objectifs de l'accord de Paris ? Dans sa leçon inaugurale au collège de France de juin 2022, l'économiste Christian Gollier estime que le prix de départ devrait être de 150 euros par tonne de CO_2 ou équivalent et augmenter de 4 % par an pour atteindre 500 euros en 2050 [1]. Nous avons vu au Chapitre premier que la science économique était

---

1. https://www.youtube.com/watch?v=I6ridCo0eFA

plongée dans une forme de sidération vis-à-vis de la crise environnementale, la rendant incapable d'en évaluer économiquement la gravité. Elle est cependant loin d'être muette quant aux solutions à lui apporter.

Levier international : le libre-échange

Aujourd'hui, le commerce international est aveugle à la crise environnementale. Les règles garanties par l'organisation mondiale du commerce (OMC) n'interdisent pas aux États qui en sont membres (l'immense majorité des pays du monde) de prendre des mesures de protection de la Nature, même si ces dernières entravent les échanges. Si elles sont véritablement justifiées sur le plan écologique, c'est-à-dire qu'elles ne constituent pas un moyen de discrimination arbitraire ou du protectionnisme déguisé, ces mesures entrent dans le cadre des exceptions prévues par l'article XX du GATT [1], l'accord-cadre qui régit les relations entre membres de l'OMC. Cette dernière l'écrit d'ailleurs en toutes lettres dans un rapport consacré à la question : « La jurisprudence de l'OMC a confirmé que les règles de l'OMC ne l'emportent pas sur les prescriptions environnementales [2]. »

---

1. General Agreement on Trade and Tarifs.

2. *Commerce et Changement Climatique*, Rapport établi par l'Organisation mondiale du commerce et le Programme des Nations unies pour l'environnement, résumé, 2009, p. 4.

Nombre de pays ont ainsi pu légiférer pour interdire la déforestation importée sans y contrevenir. Les règles du libre-échange n'ont pas empêché l'Union européenne de créer une taxe carbone aux frontières. Mais, en sens inverse, ces règles ne sont pas conçues pour combattre le réchauffement climatique, ni même accompagner d'une quelconque manière les politiques étatiques de protection de l'environnement. Cette neutralité écologique des règles du libre-échange est bien sûr *in fine* préjudiciable à l'environnement. Car elle conduit à handicaper dans la compétition économique internationale les pays qui s'en préoccupent. Le libre-échange a donc tendance à niveler par le bas les politiques écologiques, les aligner sur le moins-disant pour favoriser les échanges et éviter les mesures de rétorsion. Dans ces conditions, rien d'étonnant à ce que le commerce international fasse aujourd'hui bien plus partie du problème environnemental que de sa solution. L'essor de l'agriculture d'exportation – soja, bœuf, huile de palme, cacao, café, hévéa – est un puissant vecteur de déforestation qui elle-même constitue l'une des causes majeures de l'effondrement de la biodiversité. Le commerce international est aussi l'une des principales sources d'émissions de carbone ou équivalent. À lui seul, il génère 25 % des GES annuels mondiaux [1]. La libéralisation des

---

1. Rafael Cezar, Tancrède Polge, « Les émissions de CO_2 dans le commerce international », *Bulletin de la Banque de France*, mars-avril 2020.

échanges se poursuit aujourd'hui avec l'élaboration d'accords dits de nouvelle génération, des accords globaux qui ne se concentrent plus seulement sur les barrières tarifaires (droits de douane) et non tarifaires (contingents, normes techniques ou sanitaires, etc.), mais incluent tous les aspects de la vie économique, comme les règles relatives aux marchés publics ou au commerce électronique, ainsi que des domaines non directement économiques, comme l'environnement et la santé. Le principal d'entre eux, le TAFTA [1], destiné à créer une zone de libre-échange entre l'Europe et les États-Unis, n'a pas abouti. Mais son petit frère, le CETA [2], qui régit les rapports commerciaux entre l'Union européenne et le Canada, oui. L'impact environnemental de ce traité a été évalué par une commission indépendante française [3]. Sans surprise, il est négatif. Les experts relèvent que, « manifestement, les objectifs de développement durable n'ont pas été spécifiquement pris en compte par les négociateurs pour le volet agricole de l'accord [4] ». Idem en ce qui concerne le climat. Tout en précisant que l'impact carbone de l'accord est « difficilement

---

1. Transatlantique Free Trade Agreement.
2. Comprehensive Economic Trade Agreement.
3. Katheline Schubert *et al.*, *L'Impact de l'Accord économique et commercial global entre l'Union européenne et le Canada (AECG/CETA) sur l'environnement, le climat et la santé*, Rapport au Premier ministre, 7 septembre 2017.
4. *Ibid.*, p. 50.

mesurable », la commission conclut qu'il devrait néanmoins être « légèrement défavorable [1] ». Au pire, le libre-échange aggrave, au mieux, il n'aide pas.

Face à un tel constat, le premier réflexe est d'en appeler au repli protectionniste. C'est le plus souvent celui des organisations écologistes. Selon elles, la protection de l'environnement réclamerait de mettre fin au libre-échange pour relocaliser les activités. Ce qui en sus serait aussi bon socialement, car générateur d'emploi. De façon contre-intuitive, un tel repli serait pourtant une voie de garage. Il pénaliserait lourdement l'économie mondiale tout en n'apportant qu'un progrès écologique marginal. Le Conseil d'analyse économique français a calculé qu'un triplement des droits de douane moyens ferait chuter la production mondiale de presque 2 % mais ne permettrait qu'une réduction des émissions de 3,5 % à l'horizon 2030 [2]. Comment expliquer un tel paradoxe ? Il tient dans la complexité réelle de la relation entre écologie et commerce international. Autrement dit, ce dernier n'est pas seulement et exclusivement cause d'atteintes à l'environnement. Ainsi, dire que le libre-échange génère 25 % des GES mondiaux ne

---

1. *Ibid.*, p. 54.
2. Dominique Bureau, Lionel Fontagné, Katheline Schubert, « Commerce et climat : pour une réconciliation », *Les notes du Conseil d'analyse économique*, n° 37, janvier 2017, p. 1.

signifie pas que sans libre-échange le monde serait 25 % plus sobre en carbone. Car une partie des biens aujourd'hui échangés à l'international serait produite localement et générerait donc aussi du CO_2. De plus, le commerce international est fondé sur la théorie dite des « avantages comparatifs ». L'idée est que chaque pays se spécialise dans ce pour quoi il a le plus d'atouts. Les avantages comparatifs sont de tous ordres. Y compris environnementaux. Par exemple, la production de certains biens importés des pays du Sud est parfois moins intensive en carbone que s'ils étaient produits dans le Nord. La Banque mondiale observe ainsi que des fruits et légumes produits en Afrique grâce au soleil, au travail manuel et au compost naturel peuvent finalement émettre moins de CO_2, en dépit même de leurs transport et mode de conservation, que les mêmes fruits et légumes produits en Europe sous serre chauffées ou avec des tracteurs et à grand renfort d'intrants chimiques [1]. L'analyse du cycle de vie complet des biens et services peut réserver des surprises. Dans le cadre de la transition, le commerce international permet aux pays les plus éco-performants, par exemple ceux qui maîtrisent le mieux les technologies de décarbonation ou dont l'agroécologie est la plus compétitive, de faire valoir

---

[1]. Paul Brenton, Vicky Chemutai, *The Trade and Climate Change Nexus, The Urgency and Opportunities for Developing Countries*, World Bank Group, 2021, p. XVI.

leurs avantages écologiques. Le corollaire de cela est que le libre-échange est un vecteur sans équivalent de diffusion des technologies et savoirs nécessaires à la transition. Il y a donc bien un potentiel écologique dans les forces du marché globalisé.

Encore plus fondamentalement, le libre-échange pourrait devenir un puissant levier de transition. Parce qu'il peut être utilisé comme une arme économique en faveur de la transition. Tout le monde a en effet intérêt au libre-échange. Le Nord bien sûr pour conforter sa croissance. Mais le Sud, encore plus cruellement, pour assurer son développement. Le commerce international peut et doit être utilisé par le Nord pour inciter le Sud à alléger son empreinte écologique. La pression exercée par le libre-échange sur les politiques écologiques peut ainsi jouer dans les deux sens. Elle peut être retournée selon la même logique que celle ayant jusqu'ici servi de fil conducteur à nos développements, la logique de l'intérêt bien compris et des mécanismes de marché. De la même manière que le marché intérieur promet d'être le moteur de la transition des nations grâce au renchérissement des activités polluantes et ressources rares, en un mot grâce au signal prix, le commerce international peut jouer le même rôle à l'échelle planétaire. Ici, le signal prix, c'est la plus ou moins grande ouverture des frontières. Actionner les mécanismes de marché à l'échelle internationale supposerait de n'ouvrir ses frontières économiques qu'en contrepartie non seulement d'une réciprocité commerciale, mais aussi de gages écologiques. Ce qui reviendrait à inverser la logique prévalant actuellement. Comme nous l'avons vu, point besoin de renégocier les traités pour cela. Ils permettent déjà de jouer le rapport de forces écologique. Surtout à l'échelle de marchés continentaux, comme les marchés européen ou américain. Les pays en développement ont un intérêt trop grand à y accéder pour ne pas souscrire aux obligations environnementales qui leur seraient imposées. Il est d'ores et déjà possible de soumettre l'intérêt économique à l'impératif environnemental, c'est-à-dire subordonner de fait les règles du libre-échange à la réalisation des engagements écologiques. Concrètement, lier la mise en œuvre du GATT au respect de l'Accord de Paris. C'est une question de volontarisme politique. Et cela aurait un effet d'entraînement global sans équivalent sur l'ensemble des pays du monde. Par intérêt économique, cela conduirait le libre-échange à niveler les politiques écologiques nationales non plus par le bas, mais par le haut. La règle d'or sur laquelle est aujourd'hui fondé le commerce international est celle dite de la nation la plus favorisée. Les pays membres de l'OMC doivent commercialement traiter les autres nations comme ils traitent celle qui bénéficie du meilleur régime. En inversant la logique actuelle, le libre-échange se fonderait également en matière écologique sur le principe de la nation la mieux-disante.

Bien sûr, pour pouvoir verdir leur développement à marche forcée, nombre de pays devront être accompagnés et aidés. Tel est l'objet de la redistribution internationale. Du moins l'une de ses facettes. Car il en faudra à tous les niveaux.

Les outils de redistribution

Nous l'avons déjà dit, il ne peut y avoir de transition sans redistribution. Cet accompagnement doit être social et territorial.

Redistribution sociale : compte et dividende carbone

La transition va coûter cher. Surtout pour les plus pauvres. Elle promet de tabasser littéralement leur budget. Car les biens et services polluants occupent une place bien plus importante dans leur panier de consommation que dans celui des riches [1]. Quand se déplacer, se nourrir et se chauffer dépend de ressources fossiles et représente l'essentiel de ses dépenses, la perspective d'une explosion programmée du prix du carbone sonne comme un

---

1. Antonin Pottier *et al.*, « Qui émet du CO_2 ? Panorama critique des inégalités écologiques en France », *Revue de l'OFCE*, 2020.

arrêt de mort économique. Pour éviter l'implosion sociale, il faut massivement accompagner les plus modestes dans la transition. Ce qui devrait pouvoir se faire via deux mécaniques : une redistribution d'inspiration capitaliste via la mécanique du compte carbone et une mécanique d'inspiration socialiste, celle d'une redistribution fiscale et légale classique, que nous appellerons « dividende carbone ».

- Le compte carbone (outil redistributif)

Le compte carbone individuel pose un problème d'équité mais constitue aussi une solution de redistribution. En effet, une simple interdiction réglementaire d'émettre plus d'un certain montant de carbone par an, identique pour tous, serait plus démocratique. Elle logerait tout le monde, riches et pauvres, à la même enseigne. Au contraire, le compte carbone permet aux riches d'émettre bien plus de GES que les pauvres. Une fois leur compte épuisé, ils peuvent acheter des droits carbone supplémentaires. Or, c'est justement ce qui fait tout l'attrait du compte carbone, car c'est ce qui en fait un outil redistributif. La contrepartie de la possibilité pour les uns d'acheter des droits carbone supplémentaires est la possibilité pour les autres d'en faire une source de revenus. Avec le compte carbone, chacun dispose de deux comptes qui peuvent se nourrir mutuellement, son compte carbone, donc, et son compte en banque. Si le compte carbone était institué, certains organiseraient vite leur vie pour en faire un complément de ressources, ou même carrément en vivre. D'un point de vue strictement pragmatique, il s'agirait d'une situation « gagnant-gagnant ». Gagnant pour ceux qui auraient besoin d'émettre plus, gagnant pour ceux dont le compte carbone augmenterait le niveau de vie. Pour les jeunes générations, le compte carbone pourrait en sus concrétiser une ancienne revendication de la gauche jamais mise en œuvre : constituer un capital de départ dans la vie. Comme nous l'avons vu, les émissions de carbone des individus ont en effet tendance à augmenter avec l'âge [1]. Les émissions de GES des enfants et adolescents sont donc en moyenne inférieures à celles des adultes. Ce qui permettrait de sanctuariser et donc de monétiser chaque année tout ou partie de leurs droits carbone. Surtout si les émissions des mineurs étaient intégralement imputées sur le compte de leurs parents. En s'accumulant, cela constituerait une somme dont ils disposeraient à l'âge de leur majorité ou de leur émancipation.

En revanche, les personnes qui ne parviendraient pas à faire de leur compte carbone une source de revenus supplémentaires et n'en bénéficieraient pas sous la forme d'un capital pourraient se retrouver dans une situation délicate : être à

---

1. Emilio Zagheni, *op. cit.*

court à la fois d'argent et de carbone. Une fin de mois, ou plutôt d'année, sans carbone, pourrait être aussi handicapante qu'aujourd'hui une fin d'année « à sec ». Ne plus avoir de CO_2 sur son compte carbone pourrait équivaloir à ne plus pouvoir se chauffer ou se déplacer ni même se nourrir. Comme aujourd'hui ne plus avoir d'argent. C'est bien pourquoi on ne pourrait pas compter sur les crédits carbone seuls pour assurer la redistribution qu'implique la transition. Il faudrait impérativement la compléter par une redistribution plus classique.

- Le dividende carbone

Ce que nous appelons ici dividende carbone désigne un large éventail de mesures d'accompagnement social de la transition. Le terme de dividende carbone vient de la possibilité que nous étudierons plus loin de financer tout ou partie de ces mesures grâce à la taxe carbone. Le fruit de cette fiscalité constituerait bien un dividende perçu par la population sur le carbone. Théoriquement, le dividende carbone pourrait prendre la forme d'un revenu universel ou d'un revenu de citoyenneté réservé à ceux qui en ont le plus besoin. Mais, comme nous l'avons vu, cela ne serait pas pertinent d'un point de vue écologique. Car cet argent pourrait être dépensé par ses bénéficiaires dans des biens et services polluants. Non fléché sur les vecteurs de transition, le dividende carbone ne ferait alors que redistribuer la pollution… C'est pourquoi il est bien plus pertinent de lui donner la forme d'une variété d'aides en nature et de services publics. Il pourrait selon les pays n'être question que de renforcer des dispositifs existants ou d'en créer de nouveaux. L'ensemble pourrait ressembler aux plans d'urgence mis en place durant la pandémie du coronavirus pour soutenir l'économie et devrait recouvrir tous les aspects de la vie quotidienne des ménages les plus modestes. Ainsi, en matière de transports, il ne peut y avoir de transition sans, d'une part, des aides substantielles à l'acquisition de modes de transport décarbonés (voitures électriques, vélos) et, d'autre part, un essor des services publics de transports collectifs décarbonés (petites lignes ferroviaires, navettes et cars électriques). La gratuité totale ou partielle des transports en commun, déjà pratiquée dans certaines villes comme Tallinn ou Montpellier, ou certains pays comme le Luxembourg ou l'Espagne, est aussi une option à considérer. En matière alimentaire, pas de transition sans subvention de l'agroécologie, voire sans chèques alimentaires, ou pourquoi pas « sécurité sociale alimentaire » pour les produits locaux et bios au bénéfice des plus précaires. La transition aura aussi un impact sur le travail et l'emploi. Il n'y aura pas de transition sans recours croissant au télétravail ni sans formation massive aux métiers de la transition. Ces derniers sont déjà en tension. Ils souffrent d'un déficit grandissant de main-d'œuvre.

Là réside l'une des raisons les plus méconnues pour lesquelles la transition n'est pas aussi rapide qu'elle le devrait. Pour la mettre en œuvre, il faut des compétences ; il faut des ressources humaines. Et donc former les gens. La transition commence à l'école. Elle nécessite une vision concrétisée dans une réforme des filières et des programmes. En France, par exemple, la seule relance du nucléaire, une filière mise en sommeil une fois réalisé le grand programme d'équipement lancé dans les années 1970, va imposer la formation et l'embauche de 100 000 personnes en dix ans [1]. Enfin, terminons notre tour d'horizon des principaux postes de redistribution sociale par le logement. Pas de transition sans aide à la rénovation thermique, au changement du mode de chauffage et à la réhabilitation des bâtiments en déshérence. Plus globalement, l'écologie va imposer une politique de construction et d'aménagement urbain visant à mieux répartir la population en désengorgeant les grandes villes au profit des villes moyennes [2]. Ce qui permet de faire le lien entre les deux formes de redistribution qui s'imposeront. Car la redistribution devra aussi être territoriale.

---

1. Programme MATCH, *L'outil de pilotage de l'adéquation besoins-ressources de la filière nucléaire pour être au rendez-vous de ses programmes*, Gifen, avril 2023.
2. Voir Philippe Bihouix, Sophie Jeantet, Clémence de Selva, *La Ville stationnaire*, op. cit.

Redistribution territoriale : les fonds verts

La transition naissante a déjà accouché de « fonds verts » à tous les échelons territoriaux. Leur objet est d'effectuer une répartition des moyens économiques pour permettre à toutes les zones d'un espace donné de réduire leur empreinte écologique et de s'adapter aux changements climatiques [1]. Autrement dit, il s'agit d'aider les

---

1. L'argent n'est pas le seul enjeu de la redistribution Nord-Sud. Les transferts de technologies le sont aussi. Deux données permettent de mesurer à quel point la question est stratégique. Primo, au cours de la dernière décennie, l'Europe, le Japon et les États-Unis ont déposé à eux seuls 73 % des brevets relatifs aux énergies sobres en carbone (voir *Brevets et transition énergétique*, Synthèse, Office européen des brevets, AIE, avril 2021, p. 6). Secundo, plus de 75 % de l'augmentation des émissions de gaz à effet de serre seront le fait de pays en développement d'ici à 2050 (voir *Promouvoir le transfert international des technologies à basse émission carbone : constats et solutions possibles*, Rapport réalisé pour le Commissariat général à la stratégie et à la prospective, Mines ParisTech, octobre 2013, p. 7). Le Sud ne pourra pas se décarboner sans accès aux technologies le permettant. Et sans décarbonation du Sud, pas de décarbonation du monde. Seulement voilà, transférer des technologies fragilise le modèle économique des détenteurs de brevets. Cela les dépossède du droit exclusif d'exploitation qu'ils ont dessus et restreint donc la rentabilité de leur investissement. Et cela revient à transférer leurs actifs à la concurrence. Ce qui risque bien sûr de dissuader la recherche et l'innovation contre le réchauffement. C'est pour concilier ces intérêts, à savoir accélérer les transferts de technologies sans porter trop profondément atteinte aux droits de

territoires les plus pauvres ou les moins bien armés pour le faire à effectuer leur transition. À l'échelle locale, le terme technique est celui de péréquation verte. À l'échelle internationale, c'est une forme d'aide au développement.

---

propriété intellectuelle, que la COP 15 de Cancun a créé le mécanisme technologique dans le cadre de la CCNUCC (Convention cadre des Nations unies sur le changement climatique). Une nouvelle institution, le Climate Technology Center and Network, est depuis chargée de la mettre en œuvre. Elle a à ce jour accompagné des centaines de projets de transferts technologiques dans plus de cent pays (voir https://www.ctc-n.org). Mais c'est surtout via les mécanismes de marché que ces transferts sont aujourd'hui les plus nourris. Le Sud accède principalement aux techniques de décarbonation via l'importation de biens d'équipement, les investissements directs à l'étranger de sociétés détentrices de technologies ou la circulation de la main-d'œuvre qualifiée (voir *Promouvoir le transfert international des technologies à basse émission carbone : constats et solutions possibles, op. cit.* p. 5). Si bien que la part des grands pays en développement dans les brevets, investissements directs à l'étranger et importations de biens bas carbone correspond sensiblement à leur poids dans l'économie mondiale (voir *Promouvoir le transfert international des technologies à basse émission carbone : constats et solutions possibles, op. cit.* p. 20 sq.). Le libre-échange intègre les pays émergents au marché mondial des technologies bas carbone. L'exemple des transferts de technologies constitue une illustration supplémentaire de ce que le marché peut apporter à la transition. Grâce à lui, l'accès aux technologies propres ne peut pour l'instant être considéré comme un frein à la décarbonation du Sud. La question financière est tout autre.

Ainsi, en 2009, à l'occasion de la COP15 de Copenhague, les États parties à la Convention cadre des Nations unies sur les changements climatiques ont acté la création d'un « Fonds climatique vert » destiné à aider les pays les plus vulnérables à réduire leurs émissions de GES, lutter contre la déforestation et s'adapter aux effets du réchauffement. Dans le même temps, les pays développés se sont engagés à mobiliser collectivement 100 milliards de dollars par an en faveur de l'action climatique des pays en développement à partir de l'année 2020. Le pendant de ce dispositif pour la biodiversité a été mis en place en 2022. Lors de la COP15 de la Convention des Nations unies sur la diversité biologique, les États membres ont adopté un Cadre mondial pour la biodiversité dit de Kunming-Montréal. En vertu de cet accord, le Fonds mondial pour l'environnement, qui existait déjà depuis 1991 et était jugé peu efficace, se voit confier la mission de créer un fonds spécifiquement dédié à lutter contre la perte de biodiversité, restaurer les écosystèmes et protéger les droits des populations autochtones. Symétriquement à ce qui a été décidé pour le climat, l'accord a aussi acté la mobilisation par la communauté internationale de 30 milliards de dollars par an d'ici à 2030 pour aider les pays les plus pauvres à atteindre les objectifs fixés collectivement.

À l'échelle européenne, en 2020, dans le cadre du Pacte vert (European Green Deal), l'Union a décidé la création d'un Fonds pour une transition juste destiné à amortir l'impact économique et social de la transition écologique dans les territoires les plus dépendants des énergies fossiles (régions productrices de charbon, régions où sont implantées les industries les plus émettrices de GES comme celle du ciment, du papier ou des engrais). Il vise à aider à la diversification économique de ces territoires et à la reconversion professionnelle des travailleurs dont l'emploi est le plus directement menacé par la politique climatique européenne. Il devrait bénéficier de 17,5 milliards d'euros entre 2021 et 2027.

Enfin, en 2023, la France s'est dotée d'un fonds vert national dont l'objet est d'aider les collectivités territoriales à accélérer leur transition écologique. Couvrant des actions aussi diverses que la rénovation des bâtiments publics locaux, la lutte contre le recul du trait de côte, l'encouragement au covoiturage, le développement du recyclage ou la protection de la biodiversité, il sera doté de 2 milliards d'euros pour ses quatre premières années d'existence.

Pour chacune de ces enveloppes, le constat est le même : elles représentent un progrès notable, mais elles sont encore virtuelles ou très insuffisantes. Verre à moitié plein : depuis 2009, la redistribution climatique n'a cessé de monter en puissance (+ 30 % sur la seule période 2016-2020). De plus, les 30 milliards d'engagements annuels pour la biodiversité sont à mettre en regard des 7 à 10 milliards qui lui sont aujourd'hui consacrés ou des seulement 22 milliards de dollars distribués par le Fonds mondial pour l'environnement en trente ans d'existence. Enfin, à l'échelle européenne et française, il n'y avait rien de comparable aux Fonds récemment créés. Verre à moitié vide : le bilan réalisé par l'OCDE pour la période 2016-2020 pour les 100 milliards climatiques annuels promis révèle que la somme n'a jamais été atteinte [1]. En 2020, les pays développés ont mobilisé 83,3 milliards de dollars pour l'action climatique dans les pays en développement. Plus problématique, l'essentiel des crédits est consacré au financement de l'atténuation (baisse des émissions). Le financement de l'adaptation ne représente que le tiers des sommes fournies alors que les pays bénéficiaires émettent peu de GES mais sont déjà frappés de plein fouet par les conséquences du réchauffement. Pour ces pays, c'est l'adaptation qui devrait être prioritaire. Encore plus problématique, 71 % des sommes débloquées l'ont été sous forme de prêts. Ce qui n'est conforme ni aux engagements pris ni à la philosophie de la redistribution

---

1. *Financement climatique fourni et mobilisé par les pays développés en 2016-2020, Enseignements tirés d'une analyse désagrégée*, OCDE, 2022.

territoriale. En matière de biodiversité, ONG et pays en développement estimaient les besoins de financement à 100 milliards de dollars annuels. Plus de trois fois l'objectif de l'accord de Kunming-Montréal. À l'échelle européenne, le Fonds pour une transition juste a été raboté à moins de la moitié de ce qu'il devait être au départ puisque la commission l'avait initialement estimé à 40 milliards d'euros. Descendons encore d'un cran : entre l'échelon européen et l'échelon local figure bien sûr l'échelon national pour lequel la plupart des pays du monde n'ont pas encore prévu d'enveloppe dédiée à la transition. C'est le cas de la France, qui a découvert avec le rapport Pisani-Ferry que la seule transition climatique allait coûter 66 milliards d'euros par an d'ici aux années 2030, dont la moitié à la charge des finances publiques [1]. À l'heure où nous écrivons ces lignes, les modalités de financement de cet effort sont encore en débat. Enfin, pour les collectivités locales, les 2 milliards d'euros sur quatre ans débloqués en France par le fonds vert national ne représenteront qu'une goutte d'eau de ce qui devrait être mobilisé. Un rapport du *think tank* I4CE estime en effet que les besoins financiers et en ingénierie des collectivités territoriales française pour atteindre la neutralité

---

1. Jean Pisani-Ferry, Selma Mahfouz, *Les Incidences économiques de l'action pour le climat*, France Stratégie, mai 2023, p. 77 et p. 112-113.

carbone vont être de l'ordre de 12 milliards d'euros par an[1]. À tous niveaux, il faut donc trouver des sources de financement.

Les moyens de financement

Ils sont potentiellement considérables. Trois sources de financement pour la transition peuvent être distinguées : les budgets publics (fiscalité et dépense publique), la réforme de la protection sociale et la finance verte.

Fiscalité et dépense publique

La seule taxe carbone, si elle était universelle et basée sur un prix de cent cinquante euros la tonne de CO_2, rapporterait près de 10 000 milliards d'euros par an… 10% du produit mondial brut. 45 milliards d'euros pour la France. La moitié de ce que rapporte l'impôt sur le revenu. Et son produit ne chuterait pas avec la réduction des émissions de GES si son taux était augmenté à due proportion. À elle seule, la taxe carbone pourrait financer toute la transition.

Mais la ressource financière mobilisable pour la mener ne réside pas tout entière dans la fiscalité

---

[1]. Aurore Colin, Axel Erba, Morgane Nicol, « Collectivités : les besoins d'investissements et d'ingénierie pour la neutralité carbone », I4CE, 14 octobre 2022.

verte. L'arrêt du soutien public aux activités polluantes promet aussi de dégager des marges budgétaires considérables. En 2022, dans le contexte de la crise énergétique alimentée par la guerre en Ukraine, les subventions aux énergies fossiles ont battu des records. Elles ont atteint 1 000 milliards de dollars dans le monde. L'arrêt du soutien public aux énergies carbonées est un levier de financement colossal. Il en est de même pour le soutien à l'élevage et à l'agriculture intensive en intrants. En Europe, entre 2014 et 2020, la Politique agricole commune (PAC) a consacré 100 milliards d'euros, le quart de son budget, au verdissement agricole [1]. Ce qui signifie symétriquement qu'elle a dépensé les trois quarts de ses aides, environ 40 milliards d'euros par an, à des activités non écologiquement vertueuses. Un potentiel financier donc important que la nouvelle programmation de la PAC pour la période 2023-2027 prétend mobiliser pour l'environnement. Elle réoriente en effet les objectifs de la PAC pour les faire coller à ceux de sa nouvelle stratégie dite *farm to fork* (« de la ferme à la fourchette »). Cette stratégie, qui constitue le volet agricole du Pacte vert européen, fixe pour objectif une baisse de 50 % du recours aux pesticides, de

---

[1]. Cour des comptes européenne, *Politique agricole commune et climat, La moitié des dépenses de l'UE liées au climat relèvent de la PAC, mais les émissions d'origine agricole ne diminuent pas*, Rapport spécial, 2021, p. 3.

20 % de l'usage des engrais chimiques et un triplement des surfaces agricoles dévolues au bio d'ici à 2030 dans l'Union européenne. Pour atteindre ces objectifs, la nouvelle PAC place ses aides financières sous conditions environnementales. Toujours la logique vertueuse de l'intérêt bien compris et du signal prix. En Europe, le canal du financement de la transition par les aides agricoles semble donc bien en cours de mobilisation. Un exemple pour le reste du monde qui devrait aussi inspirer le devenir de l'aide publique au développement.

En effet, dans le même esprit, l'aide publique au développement (APD) pourrait être considérée comme une source de financement pour la transition ou à tout le moins être liée à l'atteinte d'objectifs écologiques. Or, il n'y a aujourd'hui aucun lien entre cette aide et les grands accords environnementaux. De la même manière que nous avons défendu la soumission du libre-échange à ces derniers, l'APD devrait être liée aux mécanismes de redistribution écologique. En 2021, l'APD des membres de l'OCDE s'est élevée à presque 186 milliards de dollars. Encore un levier potentiel important pour la transition.

Enfin, *last but not least*, pourrait-on dire, l'accord de Kunming-Montréal évalue à 500 milliards de dollars par an les subventions accordées à l'échelle mondiale à des activités néfastes à la biodiversité (cible 18 de l'accord). De quoi là aussi largement contribuer à financer la transition.

Mais nous n'avons pour l'instant évoqué que les solutions budgétaires publiques classiques. Or, les budgets dits sociaux étant aujourd'hui aussi importants, ils pourraient et devraient également être mis à contribution.

Protection sociale

Deux politiques sociales pourraient être réformées en Occident pour aider au financement de la transition environnementale : la politique familiale et, surtout, les systèmes de retraite, toutes deux étant liées à la question démographique.

Comme nous l'avons vu, la maîtrise démographique constitue pour les pays du Sud (surtout africains) un axe central de sobriété écologique. La situation est bien différente dans le Nord, où le taux de fécondité a tellement chuté qu'il ne permet plus le renouvellement des générations [1]. Face au vieillissement de leur population, 62 % des pays dont le taux de fécondité est inférieur au taux de renouvellement des générations mènent des politiques natalistes [2], autrement appelées politiques

---

1. En 2008, il était de 1,71 enfant par femme en moyenne dans les pays de l'OCDE alors qu'un taux de 2,1 enfants par femme est requis pour renouveler les générations.

2. ONU, *World Population Policies 2015*, Department of Economic and Social Affairs, Population Division, 2018, p. 74.

familiales. L'efficacité de ces politiques est en débat depuis des décennies. Le démographe Hervé Le Bras les considère globalement peu efficaces [1]. Il relève par exemple que le baby-boom a été aussi important dans les pays servant des allocations familiales que dans les autres. Une étude récente et cadre sur le sujet confirme cette analyse [2]. Les transferts financiers en faveur des familles n'ont soit aucun effet, soit des effets très réduits (augmentation de 0,05 à 0,07 enfant par femme pour une augmentation de 25 % des allocations et avantages fiscaux) [3]. Idem pour les aides à la conciliation entre travail et procréation. Ainsi, un congé parentalité d'un an n'augmenterait le taux de fécondité que de 0,03 enfant par femme [4]. Ces chiffres n'ont finalement rien de surprenant. C'est du bon sens : qui fait aujourd'hui des enfants pour payer moins d'impôts sur le revenu ? Inefficaces, ces politiques sont aussi extrêmement coûteuses. En 2005, elles représentaient 2,3 % du PIB des pays de l'OCDE [5]. Ramenées au PIB actuel, elles

---

1. https://www.universalis.fr/encyclopedie/natalisme/5-efficacite-des-politiques-natalistes/
2. Olivier Thévenon, Anne H. Gauthier, « Variations de la fécondité dans les pays développés : disparités et influences des politiques d'aide aux familles », *Revue des politiques sociales et familiales*, 2010, p. 7-21.
3. *Ibid.*, p. 12-13.
4. *Ibid.*, p. 15.
5. *Ibid.*, p. 7.

seraient donc de l'ordre de 1 300 milliards de dollars par an. Et, surtout, cette dépense est en totale contradiction avec les engagements écologiques des pays du Nord ! En effet, plus de monde, c'est plus de gaz à effet de serre et plus de pollution et de besoins en ressources de tous ordres. Surtout dans les pays développés, dont l'empreinte écologique par habitant est la plus élevée. Quand on ne maîtrise pas sa trajectoire de décarbonation et encore moins la réduction de son impact sur les autres limites planétaires, soutenir la natalité est écocidaire. Autrement dit, on ne peut pas à la fois défendre l'Accord de Paris et financer des politiques natalistes. Cependant, les politiques familiales n'ont pas qu'une vocation nataliste. Elles ont aussi une portée sociale. Comment rompre avec le natalisme sans abandonner l'aide aux familles nécessiteuses ? Cela n'est pas très compliqué. Pour conserver la vocation sociale de ces politiques, je proposais dans un précédent essai [1] de troquer les politiques familiales universelles, dont les prestations s'adressent à toutes les familles moyennant des modulations de montants, contre des politiques familiales réservées aux ménages les plus modestes. Et même de les individualiser en fonction de la situation particulière de chaque ménage bénéficiaire. Par ailleurs, pour rompre avec le natalisme, il convient de restreindre

---

1. Antoine Buéno, *Permis de procréer*, Albin Michel, 2019.

les avantages familiaux aux deux premiers enfants et de les rendre dégressifs du premier au second. Autrement dit accorder une allocation familiale pour le premier enfant puis une allocation d'un montant inférieur pour le deuxième et plus d'allocation du tout à partir du troisième. Idem pour les autres avantages fiscaux et d'aide à la conciliation travail-procréation. En négatif, il pourrait même être question de créer une allocation de « nulliparité », pour service écologique rendu, au bénéfice des femmes ménopausées n'ayant pas eu d'enfant ou s'étant fait opérer avant la ménopause pour ne pas en avoir. Pour revenir à notre propos, le double mouvement de ciblage des politiques familiales sur les ménages précaires ainsi que la restriction à deux enfants et la dégressivité des avantages familiaux devrait conduire à pouvoir dégager d'importantes marges de manœuvre budgétaires qui pourraient être mises à profit pour la transition. En France, par exemple, le quotient familial, avantage fiscal accordé aux contribuables ayant des enfants, coûte chaque année 15 milliards d'euros à l'État et les prestations familiales 56 milliards d'euros par an. Même une fraction de ces sommes représenterait un apport appréciable.

Mais, pour les mêmes raisons, c'est surtout en matière de retraites que le potentiel financier des budgets sociaux est le plus important. Début 2023, la réforme des retraites destinée à faire passer en France l'âge d'ouverture des droits de 62 à 64 ans a déclenché un vif mouvement social de protestation. Des chercheurs et représentants d'ONG environnementales se sont joints aux voix des manifestants pour s'opposer à cette réforme au nom du combat écologique [1]. Car « travailler plus, c'est produire plus, c'est polluer plus ». C'est vrai. Mais aller jusqu'au bout de cette logique conduit à constater que c'est le système de retraite par répartition lui-même qui est écocidaire. Dans un tel système, les cotisations des actifs financent les retraites des pensionnés. Il faut donc toujours (beaucoup) plus d'actifs que de retraités pour que la répartition fonctionne. C'est bien là que le bât blesse aujourd'hui et c'est pour cela que les réformes s'enchaînent. C'est pour suppléer à l'essoufflement démographique que l'on compte sur le productivisme pour équilibrer les régimes. Mais la base naturelle de cet équilibre repose sur la surenchère démographique. Pour financer les retraites, il faut toujours plus de gens. Donc alourdir indéfiniment notre empreinte écologique. Faire de la répartition, c'est faire de la cavalerie. Le système de la répartition est une pyramide de Ponzi. Pour verdir les retraites, il n'y a pas d'autre choix que d'abandonner la répartition au profit de la

---

1. https://www.francetvinfo.fr/economie/retraite/reforme-des-retraites/tribune-reforme-des-retraites-pour-le-climat-l-urgence-est-avant-tout-de-reduire-notre-temps-de-travail-estiment-des-ong-environnementales_5690669.html

capitalisation. Elle, au moins, n'est pas basée sur la surenchère démographique. En capitalisation, chacun cotise pour lui-même. Mais les écologistes la fustigent au motif que l'épargne finance « majoritairement les énergies fossiles, qui donc accélèrent le dérèglement climatique »[1]. Ils ont raison. Un système de retraite par capitalisation ne serait écolo que si les fonds de pension créés pour placer l'épargne des retraites avaient l'obligation d'investir dans la transition. Ce qui laisse justement entrevoir une occasion formidable pour cette dernière. Car il est très facile d'assigner un cahier des charges écologique à des fonds de pension. Ce que devraient aussi bien sûr faire les pays où les pensions sont déjà régies par la capitalisation. À cette condition, la capitalisation des systèmes de retraite pourrait être une formidable chance pour la transition. Ce qui pose *in fine* et plus largement le problème de l'essor de la finance verte.

Finance verte

C'est bien connu, l'argent est le nerf de la guerre. Derrière chaque énergéticien qui exploite une bombe carbone ou chaque agro-business qui pousse à la déforestation, il y a des banques et des fonds d'investissement pour leur donner les moyens économiques de le faire. On ne peut donc

---

1. *Op. cit.*

imaginer de transition sans verdissement du secteur financier. La raison d'être de la finance verte est d'assécher financièrement les activités polluantes. Pourtant, dans les faits, depuis son essor postérieurement à la crise des *subprimes* de 2008, elle leur permet au contraire de prospérer. Car la finance verte est devenue le royaume du *greenwashing*. Durant les années 2010, les principaux argentiers du monde se sont dotés d'instruments financiers verts et ont pris des engagements de compatibilité de leurs activités avec les objectifs de l'Accord de Paris. Les ONG ne cessent cependant de dénoncer le décalage existant entre cet affichage et la réalité de leurs choix d'investissement. Le Bilan mondial de la finance climat 2022, publié par les ONG Climate Chance et Finance for Tomorrow, est à cet égard éloquent [1]. D'un côté, près de 350 gestionnaires et propriétaire d'actifs, gérant ou détenant directement plus de 70 000 milliards de dollars, ont pris un engagement « net zéro » (parvenir à la neutralité carbone de leurs activités au plus tard en 2050). De l'autre, aucun de ces gestionnaires d'actifs étudiés par l'ONG ReclaimFinance n'a de politique de réduction des énergies fossiles. D'un côté, 115 banques commerciales, gérant 70 000 milliards de dollars d'actifs, ont aussi pris des engagements « net zéro ». De l'autre, ces

---

1. Climate Chance, Finance for Tomorrow, *Bilan mondial de la finance climat*, 2022.

mêmes banques ont consacré 742 milliards de dollars au financement des énergies fossiles en 2021 [1]. Une somme à mettre en regard des 632 milliards de dollars de flux financiers enregistrés en faveur du climat en… deux années (2019 et 2020) [2] ! Le montant des investissements carbonés est deux fois plus important que celui des investissements verts. Et ces investissements sont surtout en totale contradiction avec les recommandations du GIEC qui prohibent toute nouvelle exploitation de gisements fossiles. Dans son rapport *Five Years Lost* [3] (« cinq années de perdues »), l'ONG Urgewald révèle que, de 2016 à 2020, donc après la signature de l'Accord de Paris, les acteurs financiers ont accordé 1 600 milliards de dollars de financement et détenu 1 100 milliards de dollars d'investissement dans l'expansion des énergies fossiles. Ce qui fait dire à Alain Grandjean et Julien Lefournier, auteurs d'un livre de référence sur le sujet, que la finance verte est une illusion [4].

Cependant, un élément nouveau pourrait changer la donne. Toujours dans le cadre de son Pacte vert, l'Union européenne a mis en place une « taxinomie verte ». Ce dispositif fait deux choses. Premièrement,

---

1. *Op. cit.*, p. 7.
2. *Op. cit.*, p. 6.
3. Jacey Bingler, *Five Years Lost, How Finance is Blowing the Paris Carbon Budget*, Urgewald, 2020.
4. Alain Grandjean, Julien Lefournier (préf. Gaël Giraud), *L'Illusion de la finance verte*, L'Atelier, 2021.

il classe les activités et secteurs économiques susceptibles de lutter activement contre la crise environnementale. Cette classification recouvre six objectifs environnementaux : atténuation du changement climatique (réduction des émissions de GES), adaptation au changement climatique, utilisation et protection de l'eau et des ressources marines, transition vers une économie circulaire, prévention et contrôle de la pollution et protection et restauration de la biodiversité et des écosystèmes. Pour intégrer cette nomenclature, les activités économiques doivent permettre d'atteindre au moins l'un de ces six objectifs sans parallèlement causer préjudice aux autres. La seconde chose que fait la taxonomie verte est d'obliger les sociétés cotées employant plus de 500 salariés à déclarer la part de leur chiffre d'affaires et de leurs investissements dédiés aux activités vertes. Comme l'explique bien la spécialiste du sujet Anna Creti, la taxonomie vise, en premier lieu, le secteur financier [1]. Elle entend jouer le rôle de boussole. En définissant précisément ce qu'est une activité verte, elle crée une sorte de label obligatoire. Elle permettra d'évaluer la performance environnementale d'un investissement, d'une entreprise ou d'un portefeuille. Deux intérêts majeurs pour les acteurs économiques vertueux. D'abord, c'est sur les activités vertes que seront fléchées les subventions

---

1. Anna Creti, « Les Enjeux de la taxonomie européenne pour la finance verte », *Annales des Mines*, 2021.

publiques. Ensuite, hors de toute subvention publique, la taxonomie devrait apporter un bénéfice économique aux activités vertes. Les investisseurs préféreront en effet allouer leur capital à des entreprises ou des activités incluses dans la taxonomie. Premièrement parce que la taxonomie crédibilise les actifs dits verts. En particulier les obligations vertes. Deuxièmement parce que entreprises et activités vertes pourront être incluses dans des indices et fonds d'investissement durables. Troisièmement et par voie de conséquence, les activités vertes devraient voir le coût de leur dette baisser et, pour les banques, leur refinancement facilité. Encore une concrétisation de la logique vertueuse de l'intérêt bien compris.

La taxonomie verte européenne promet d'être un pas en avant véritable. Donc un apport pour le financement de la transition. Mais elle souffre d'un handicap majeur. Elle ne demeure que partiellement contraignante. Elle l'est dans la mesure où, sauf pour les secteurs exclus parce que non encore « verdissables », toutes les grandes entreprises européennes devront s'y soumettre. Elle l'est encore puisque les fonds publics en dépendront dorénavant. Mais les investissements privés demeureront toujours libres. Rien ne leur interdira de continuer à financer par exemple des bombes climatiques. Comme ne cessent de le clamer les ONG environnementales, l'essor récent de la finance dite durable souligne les limites du volontariat. On ne pourra véritablement tarir les activités écocidaires qu'en interdisant purement et simplement de les financer. À cet égard, la taxonomie verte est insuffisante. Elle devrait être complétée par une taxonomie brune listant les activités foncièrement non durables dans lesquelles il ne devrait plus être permis d'investir. Tel serait le dernier axe de réforme achevant d'assurer le financement de la transition.

L'ensemble de ces mesures, si elles étaient mises en œuvre, génèrerait un cercle vertueux de réduction de l'empreinte écologique de l'humanité selon la dynamique de ce que nous avons appelé le ruissellement écologique.

VI

Mécanique et impact du ruissellement écologique

Maintenant que toutes les pièces du puzzle sont en place, il est possible d'en avoir une vue d'ensemble. C'est-à-dire de voir comment elles devraient interagir pour engendrer un cercle vertueux de verdissement du monde. Ce qu'ironiquement nous appellerons le ruissellement écologique. Dans ce chapitre, nous décrirons successivement la mécanique du ruissellement écologique et son impact social. La première livre un schéma global de la transition tandis que le second répond à la question de savoir à quoi ressemblerait une société en transition.

Mécanique du ruissellement

La notion de ruissellement

Nous l'avons dit, la référence à la notion de ruissellement est ici avant tout ironique. Voire provocatrice. Il s'agit d'un clin d'œil à la « théorie du ruissellement ». Cette dernière n'a d'ailleurs de théorie que le nom. Il s'agit plutôt d'une hypothèse selon laquelle favoriser les riches serait meilleur pour l'économie que les taxer. En vertu de cette thèse, desserrer la pression fiscale sur les plus aisés leur permettrait de consommer plus, d'épargner plus et d'investir plus au bénéfice de tous. En conservant leur argent, ils le feraient ruisseler sur le reste de la société. L'idée est complémentaire d'un autre paradigme bien connu, celui de la fameuse courbe de Laffer [1] en vertu de laquelle taxer trop les plus fortunés génèrerait de l'exil fiscal et désinciterait les riches à entreprendre, ce qui *in fine* se traduirait par de moindres recettes fiscales : « Trop d'impôt tue l'impôt ». La thèse du ruissellement est aussi la parfaite antithèse de la théorie keynésienne classique. En effet, le paradigme du ruissellement postule qu'un euro conservé par un contribuable fortuné sera toujours plus efficace pour l'économie, en termes d'emploi et de croissance, qu'un euro collectivisé via l'impôt et redistribué sous forme de services ou de dépenses publics. C'est la négation du « multiplicateur keynésien », c'est-à-dire l'idée qu'un euro de dépense publique génère plus d'un euro au bénéfice de la société. La théorie du ruissellement oppose en quelque sorte le « multiplicateur privé »

---

1. Du nom de l'économiste américain Arthur Laffer.

au multiplicateur public keynésien. La théorie du ruissellement a été portée et popularisée par Margaret Thatcher, Ronald Reagan et, plus récemment, Donald Trump ou Emmanuel Macron, ce dernier faisant référence pour parler des riches aux « premiers de cordée » pour justifier les plans de réformes fiscales en faveur des contribuables les plus aisés. Mais cette hypothèse n'a jamais été validée par la science économique. Au contraire, un assez large consensus s'est fait jour pour la réfuter. Si les baisses d'impôt étant intervenues au profit des plus riches ont augmenté les déficits, la dette et les inégalités, elles n'ont pas eu d'impact positif significatif ni sur la croissance économique ni sur l'emploi [1]. Au contraire, même, une étude du FMI conclut que « quand les riches deviennent plus riches », leurs bénéfices ne ruissellent pas [2] ». Il semblerait que, comme l'affirme Arnaud Parienty, le ruissellement économique soit bel et bien un mythe [3].

Mais notre ruissellement écologique n'a pas grand-chose à voir avec le supposé ruissellement

---

[1]. David Hope, Julian Limberg, *The Economic Consequences of Major Tax Cuts for the Rich*, LSE, International Inequalities Institute, décembre 2020.

[2]. Era Dabla-Norris *et al.*, « Causes and Consequences of Income Inequality: A Global Perspective », *IMF*, 15 juin 2015.

[3]. Arnaud Parienty, *Le Mythe de la « théorie du ruissellement »*, La Découverte, 2018.

économique libéral. On peut considérer qu'il s'en inspire sur un point : dans les deux cas, l'effet vertueux part des riches. En effet, rappelons que, dans notre schéma, l'Occident est bien le déclencheur du cercle vertueux de verdissement. Dans *Le Principe responsabilité*, Hans Jonas considérait que « seule une élite peut éthiquement et intellectuellement assumer la responsabilité pour l'avenir [1] ». Cette élite, nous l'avons identifiée comme devant être incarnée par les pays développés et leur opinion publique aiguillonnée par l'activisme écologique. En un sens, il appartient donc aux riches de faire ruisseler l'écologie. Mais notre théorie du ruissellement écologique se différencie par ailleurs fondamentalement de celle du ruissellement économique dans la mesure où elle ne compte pas sur l'initiative privée, menée par les multinationales et les milliardaires, pour mettre spontanément en œuvre la transition environnementale. Elle ne compte pas sur la main invisible du marché pour verdir le monde. Sa philosophie est diamétralement opposée, puisque le ruissellement écologique n'est pas d'inspiration libérale. Il mise sur l'intervention publique pour encadrer le marché. Il est donc d'inspiration keynésienne.

Le ruissellement écologique peut par ailleurs être rapproché d'un autre ruissellement économique. Celui dont parle l'économiste Arthur Okun au

---

1. *Op. cit.*, p. 200.

sujet de l'innovation[1]. Les innovations ont des effets en cascade sur les économies où elles se diffusent. Un phénomène comparable à ceux que devrait avoir la stratégie du ruissellement écologique.

Néanmoins, c'est finalement peut-être pour des raisons littéraires, voire poétiques, que l'image du ruissellement est ici la plus pertinente. L'image est jolie. Et quoi de plus écologique que l'eau qui ruisselle ? Mais, plutôt que de ruissellement, on pourrait tout aussi bien parler d'effet domino, d'effet d'entraînement ou de réaction en chaîne. C'est cette mécanique que nous allons décortiquer maintenant.

*Déverrouillage en chaîne
(schéma global de la transition)*

Faisons le récit d'une transition accélérée. Il commence par l'action politique. D'abord l'action écologique militante dont le mouvement se structurerait en Occident pour exercer une pression croissante sur les décideurs publics. Pour planifier leurs actions, les activistes en évalueraient préalablement la visibilité, l'acceptabilité, l'intelligibilité, l'efficacité et la pertinence. Ce qui les conduirait à formuler des revendications politiques

---

1. Arthur M. Okun, *Equality and Efficiency, the Big Tradeoff*, Brookings Institution, 1975.

et économiques concrètes. Sur le plan politique, ils réclameraient des états généraux de l'environnement ou toute autre modalité de prise de décision populaire directe en matière environnementale. Sur le plan économique, ils exigeraient une planification, des mesures réglementaires ciblées (par exemple réduction de la vitesse maximale autorisée sur autoroute pour les véhicules thermiques) et l'action des leviers transversaux que sont le compte, la taxe, le dividende carbone et la soumission du libre-échange aux objectifs environnementaux. Cette pression conduirait les dirigeants politiques soit à octroyer des conventions citoyennes, soit à satisfaire les revendications militantes. Au stade de la décision politique, les décideurs populaires ou élus auraient le choix entre la régulation réglementaire et l'intervention de marché. Pour maximiser l'efficacité de l'action publique, il leur faudrait suivre une clef de répartition entre les deux qui privilégierait la seconde le plus souvent possible. Chaque fois qu'une manipulation du signal prix est possible, elle serait préférée à l'interdiction pure et simple. Ces mesures de marché mèneraient mécaniquement à une transformation profonde de l'économie de manière générale, de l'entreprise en particulier. En effet, elles aboutiraient à une définanciarisation de cette dernière et à un changement du *business model* dominant. Explicitons ces deux points.

Nous l'avons vu, en 2022, Yvon Chouinard, le fondateur et patron de Patagonia, a abasourdi le monde en léguant son entreprise à… la Terre. Il a plus précisément déshérité ses enfants (avec leur bénédiction). Et, au lieu de vendre ses parts ou d'introduire l'entreprise en Bourse pour céder la main (il avait 83 ans), il a choisi d'attribuer l'intégralité de son capital à deux structures juridiques chargées d'utiliser les dividendes comme une ONG dédiée à la protection du climat. C'est l'effet que devrait avoir un renchérissement programmé du prix du carbone, de l'eau et plus globalement de l'énergie et des matières premières. Pour comprendre comment, il faut prendre un peu de recul. Un tel renchérissement pourrait en effet avoir plusieurs effets bien différents en fonction de la manière dont l'augmentation du coût de production serait répercutée par l'entreprise. Elle pourrait le répercuter sur le consommateur en augmentant ses prix, ou sur ses employés en les licenciant. Ces effets constituent des risques réels. Mais des risques limités. L'effet inflationniste peut être combattu par des politiques monétaires adaptées. Quand les banques centrales relèvent leurs taux d'intérêt, l'inflation marque le pas. Mais, surtout, nous avons vu que le compte carbone aurait plutôt un effet déflationniste susceptible de contrebalancer l'impact inflationniste d'un renchérissement des activités polluantes et intensives en matières premières. Le risque pour l'emploi est plus sérieux. C'est l'une des raisons pour lesquelles

les mesures de redistribution accompagnatrices sont si importantes. Mais, par ailleurs, dans un contexte de fort ralentissement démographique et de vieillissement de la population, les entreprises ne pourront pas indéfiniment dégraisser leurs effectifs. Surtout que la concurrence des travailleurs étrangers devrait commencer à marquer le pas. En renchérissant le coût des transports, la taxe carbone effacerait tout ou partie du gain lié à une main-d'œuvre meilleur marché. La taxe carbone incitera aux relocalisations. À plus forte raison si le Sud met en place des politiques efficaces de modération démographique capables de tarir la source de l'esclavage moderne. Dans ces conditions, l'effet le plus probable d'un renchérissement de l'énergie et des matières premières serait une réduction des bénéfices de l'entreprise. Donc, une répercussion de l'augmentation des coûts de production non sur le consommateur ou le travailleur, mais sur l'actionnaire. L'effet Patagonia. L'intégralité des dividendes de Patagonia, 100 millions de dollars par an, sera désormais consacrée à des actions de lutte contre le réchauffement climatique. Cela procède d'un choix volontaire. Indirectement, un renchérissement structurel de la production ne peut *in fine* qu'aller dans ce sens pour tout le monde. À savoir restreindre la rentabilité des investissements. Un changement économique de fond. C'est-à-dire une remise en question du mode de financement des sociétés. En rémunérant moins le capital, elle incite à l'autofinancement ou au financement bancaire. Sans condamner pour autant tout financement par ouverture du capital. Car les investisseurs qui achètent des parts de société se rémunèrent de deux manières : via les dividendes, mais aussi via l'augmentation de la valeur de leurs parts. Même sans dividendes, la valeur patrimoniale d'un portefeuille d'actions peut s'apprécier. De plus, le renchérissement de la production ne condamne pas forcément toute perspective de rémunération du capital. Quoi qu'il en soit, cette évolution ne peut conduire qu'à une modération des attentes des investisseurs : fini le diktat des 10 % de retour sur investissement. Et effectivement une définanciarisation de l'économie.

L'autre transformation majeure de l'entreprise impliquée par le renchérissement programmé des activités polluantes et intensives en ressources est le passage d'une économie du produit à une économie de l'accès et de l'usage. En effet, aujourd'hui, nous vendons et achetons des biens. Dans une économie de l'usage (ou de l'accès), ce qui est vendu est l'usage (ou l'accès) de ces biens. L'exemple le plus connu d'économie de l'usage est celui de Michelin, qui a développé une offre pour les poids lourds en vertu de laquelle elle ne leur vend pas des pneus, mais des kilomètres parcourus. Dans le cadre de cette offre, Michelin ne vend plus le bien, mais l'usage de ce bien. Elle devient prestataire du service de gestion du cycle de vie du pneu et de sa maintenance. Symétriquement, le client n'est plus propriétaire du pneu, il bénéficie juste de son utilisation. Ce qui change tout. Car l'intérêt de Michelin est radicalement différent selon qu'il se situe dans le cadre d'une économie du produit ou d'une économie de l'usage. Dans le premier cas, son intérêt est de vendre un maximum de pneus. Lui et ses concurrents ont donc plutôt intérêt à ce que les pneus soient de piètre qualité pour pouvoir les changer le plus possible. C'est un gaspillage de matière et d'énergie. Dans le cadre d'une économie de l'usage, Michelin a au contraire intérêt à ce que ses pneus soient de la meilleure qualité possible pour avoir le moins possible à les changer. Dans une économie de l'usage, l'intérêt du producteur est de revoir ses clients le moins possible. Cette logique peut être appliquée à peu près à tout bien de consommation. Que vous importe d'être propriétaire de votre ordinateur ou de votre smartphone si vous pouvez avoir l'usage au quotidien d'un ordinateur ou d'un smartphone ? L'expérience de Michelin est extrêmement concluante puisque la durée de vie de ses pneus a triplé, que Michelin a augmenté sa marge en valeur absolue et que le client a vu ses coûts baisser (coût de pneumatique au kilomètre parcouru, disparition du coût de maintenance, baisse des coûts de carburant). Gagnant pour le producteur, gagnant pour le consommateur et gagnant pour la planète ! Ce renversement de paradigme économique, de *business model*, pourrait-on dire, peut avoir de grandes implications en termes d'efficacité énergie-matière, d'écoconception et de recyclage.

À leur tour, ces mutations profondes du capitalisme auraient vocation à être universalisées par la soumission du libre-échange aux impératifs écologiques. Sous peine de rétorsion protectionniste, le verdissement des bénéfices et l'économie de l'accès deviendraient les nouveaux standards économiques d'un bout à l'autre du globe.

Ce qui donnerait le schéma de transition suivant :

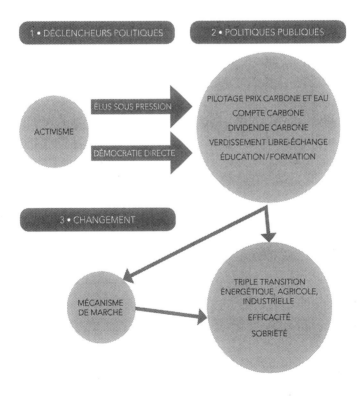

L'envers du verrouillage

Cet effet d'entraînement généralisé serait essentiellement attribuable à la magie du signal prix. Certes, comme l'indique le schéma global de transition, la réglementation peut avoir un impact transformatif direct, mais seul le signal prix peut faire sauter tous les verrous systémiques en chaîne. Pour mémoire, là résidait l'une des principales raisons de douter de la capacité de la décroissance à tenir ses promesses écologiques. Sa mise en œuvre détruirait le marché et nous priverait ainsi de la puissance incomparable des mécanismes de marché pour verdir le monde. Au contraire, la manipulation du signal prix permettrait un renversement du blocage systémique, c'est-à-dire un retournement vertueux du système global. Cela étant rendu possible par la magie des systèmes complexes. Nous l'avons vu, l'économie mondiale est bloquée à tous les échelons en raison de sa complexité. Toutes ses parties étant interdépendantes, elles se bloquent mutuellement. C'est paradoxalement ce qui peut aussi déverrouiller le système. C'est justement parce que toutes les parties du système complexe qu'est l'économie-monde sont interdépendantes que la transition environnementale est possible. Ce qui engendre le blocage est également ce qui permet le déblocage. *In fine*, transitionner, c'est mettre en place les dispositifs permettant d'arrêter de subir la complexité pour l'exploiter au profit de la planète.

Impact du ruissellement

À quoi ressemblera une société en transition ? Il est possible d'en établir un portrait-robot en répondant aux questions suivantes : la transition attentera-t-elle aux libertés, fera-t-elle exploser les inégalités ou verser dans l'égalitarisme et condamnera-t-elle la croissance ? À ces trois questions, on peut répondre par la négative.

Liberté

Si la transition nous poussait dans les bras de la démocratie directe, il est bien évident qu'elle représenterait une victoire de la liberté. Il n'y a, a priori, pas de gouvernement plus libre que celui du peuple, par le peuple et pour le peuple. La démocratie directe supprime l'intermédiaire des représentants dont la tendance naturelle est de limiter autant que possible la capacité d'action du plus grand nombre pour conserver ses positions et ses privilèges. La démocratie représentative n'asservit pas le peuple, mais elle l'infantilise. Vu sous cet angle, la transition serait plutôt une chance pour la liberté.

Néanmoins, on peut craindre que les mesures prises pour mener la transition ne soient liberticides. Même si la transition est mise en œuvre de façon parfaitement démocratique, ses effets pourraient concrètement attenter aux libertés. Ces craintes sont-elles légitimes ? Oui et non. Oui parce que, par nature et définition, la transition va interdire de faire tout un tas de choses qui étaient jusque-là permises. Sinon, il n'y aurait pas de transition. Mais les restrictions qui seront imposées ne pourront pas être considérées comme proprement liberticides. À moins de considérer toute interdiction et toute obligation comme liberticide. Pour conduire une voiture, il faut avoir son permis. Cela restreint la liberté de circulation. Cela est-il pour autant liberticide ? Non, car, d'une part, la limitation est justifiée par la protection d'un intérêt supérieur (en l'occurrence, la sécurité routière) et, d'autre part, parce que je puis me déplacer autrement ou passer mon permis. Il en sera de même pour toutes les restrictions écologiques. Elles seront bien sûr toutes justifiées par la défense de l'intérêt supérieur de l'environnement. Et surtout, elles n'aboutiront pas à des interdictions générales et absolues. Leur impact concret dépendra de l'existence et du développement de solutions alternatives écologiques. Prenons l'exemple de l'avion. La transition en restreindra probablement l'usage une décennie ou deux. Mais il n'y a pas de raison que cette restriction perdure une fois que l'aviation de ligne se sera décarbonée. Ce qui pourrait être le cas autour de 2050 [1]. Si la transition écologique

---

[1]. « Resolution on the industry's commitment to reach net zero carbon emissions by 2050 », *IATA*, octobre 2021.

n'attente pas directement aux libertés, on peut encore s'inquiéter qu'elle ne le fasse indirectement via la contrainte économique. Encore un point que nous avons déjà abordé. Il souligne la nécessité d'une politique de redistribution couplée aux mesures écologiques. Nous avons aussi vu qu'un outil comme le compte carbone pourrait constituer une source de revenus supplémentaires pour ses détenteurs. Socialement accompagnée, la transition ne devrait restreindre la liberté économique de personne. Enfin, même si la transition ne restreint les libertés ni directement ni économiquement, la crainte demeure qu'elle permette le développement de systèmes exploitables à des fins illibérales. C'est encore une fois le compte carbone qui est sur la sellette. Pour comptabiliser les émissions de GES des individus, il faudra les fliquer à chaque instant. On pourra ainsi savoir à tout moment ce que chacun fait, tracer chaque instant de la vie des gens. Le rêve de Big Brother. C'est vrai. Mais il faut alors considérer que le rêve de Big Brother s'est déjà réalisé. Car nous n'avons pas attendu le compte carbone pour que les moindres faits et gestes des individus soient traçables. Les smartphones, les caméras urbaines, les puces ubiquistes et les cartes bancaires y suffisent déjà largement. Le compte carbone n'ajouterait pas grand-chose à cet attirail. Si le risque totalitaire devait se réaliser, la numérisation du monde donnerait déjà au pouvoir toute latitude pour éradiquer le moindre espace de liberté. Ce dont la Chine offre d'ailleurs aujourd'hui un spectacle éloquent. Et il n'y a pas de compte carbone en Chine. Dans le monde qui est le nôtre, il est donc assez hypocrite ou inconscient d'invoquer la défense des libertés pour se défier de la transition.

Égalité

L'impact social de la transition peut varier du tout au tout selon qu'elle est ou non bien accompagnée en termes de redistribution. Nous l'avons vu, sans redistribution, la transition fait peser un risque majeur d'explosion des inégalités. En revanche, avec la mise en œuvre de politiques telles que celles de la taxe carbone, du dividende carbone et du compte carbone, la transition devrait réduire les inégalités sociales. Comme le démontre le spécialiste des inégalités Thomas Piketty dans *Le Capital au XXIe siècle*[1], les écarts entre riches et pauvres dépendent de l'évolution de la rémunération du capital par rapport à celle du travail. Quand la rémunération du travail augmente plus vite que celle du capital, les inégalités se réduisent. C'est ce qui s'est produit dans les pays développés durant les trente glorieuses. Quand la rémunération du capital augmente plus vite que celle du travail, les inégalités se creusent. C'est ce qui s'est

---

1. Thomas Piketty, *Le Capital au XXIe siècle*, Seuil, 2013.

produit en Occident à partir du virage libéral des années 1980. Aujourd'hui, les inégalités sont plus importantes dans les pays développés qu'il y a trente ans. Or, nous l'avons vu, les leviers de décarbonation par le marché (manipulation du signal prix) pourraient avoir un impact négatif à la fois sur l'emploi, donc la rémunération du travail, et sur la profitabilité de l'activité économique, donc sur la rémunération du capital. L'évolution des inégalités dépendra de la prédominance de l'un ou de l'autre effet. Plusieurs facteurs incitent à penser qu'*in fine* la rémunération du capital sera plus impactée par la transition que les revenus non capitalistiques. Premièrement, comme déjà mentionné, le vieillissement de la population dans les pays développés joue en faveur d'une augmentation de la rémunération des travailleurs. Moins ces derniers seront nombreux, plus ils seront chers. Au Japon, par exemple, le déclin démographique a poussé les employeurs à offrir des rémunérations records à leurs employés en 2023 [1]. Cet effet est particulièrement marqué dans ce pays parce qu'il répugne à recourir à la main-d'œuvre étrangère. Mais la transition environnementale décrite dans le présent essai devrait créer les mêmes conditions dans le reste du monde. L'accélération de la transition

---

1. « Négociations. Au Japon, une hausse des salaires "jamais vue depuis trente ans" », *Courrier international*, 15 mai 2023.

démographique dans les pays à fort taux de fécondité tarirait la source des travailleurs pauvres prêts à se vendre à n'importe quel prix. La soumission du libre-échange à des contreparties sociales et environnementales améliorerait la condition des travailleurs partout sur le globe. Et la taxe carbone dissuaderait les délocalisations. De plus, la transition devrait générer un énorme volume d'activité non délocalisable capable de compenser un éventuel chômage technologique lié à l'essor des robots et de l'IA. Enfin, nous l'avons vu aussi, le dividende carbone augmenterait les revenus de transfert en faveur des ménages les moins aisés et le compte carbone pourrait constituer un capital monétisable au profit du plus grand nombre. Parallèlement à cela, la taxe carbone devrait déprimer le rendement du capital. Ce qui réenclencherait un mouvement vertueux de réduction des inégalités.

En sens inverse, et contrairement à ce qu'impliquerait une politique de décroissance, une transition fondée sur les mécanismes de marché ne pourrait pas verser dans les excès d'un égalitarisme de type communiste. À condition bien sûr que la transition n'entrave pas toute dynamique de prospérité.

Prospérité

La crise environnementale va malmener la croissance. Cela, au moins, est certain. Dans quelles proportions ? Comme nous l'avons vu, nous ne disposons pas aujourd'hui de modèles macroéconomiques pertinents pour le dire. Sur la base du modèle géophysique, et non économique, qu'est *World 3*, élaboré pour établir le rapport Meadows de 1972 mais perfectionné à plusieurs reprises depuis [1], l'impact économique du dépassement des limites planétaires pourrait aller de quelques points de PIB par an dès aujourd'hui à 100 % du PIB mondial en cas d'effondrement global de la civilisation thermo-industrielle. Derrière ces chiffres froids, il y a un monde qui pourrait disparaître et des milliards de personnes avec lui. C'est bien pourquoi la transition environnementale est une question de vie et de mort.

Mais la transition elle-même va avoir un impact dépressif sur la croissance potentielle de l'économie mondiale. Il faut s'y préparer et l'accepter. Cela, pour au moins cinq raisons. Premièrement, le processus de mise en œuvre de la transition lui-même va heurter la régularité de la croissance. Cette transition colossale est en effet intrinsèquement génératrice de goulets d'approvisionnement et de crises à répétition, ne serait-ce que pour l'accès aux métaux stratégiques indispensables à l'électrification du système énergétique. Deuxièmement, la transition énergétique consiste à remplacer des énergies fossiles, extrêmement performantes, par une énergie,

---

1. En 1992 et en 2004.

l'électricité essentiellement, qui l'est beaucoup moins. La performance d'une énergie est mesurée par son taux de retour énergétique (ou TRE). Une notion clef pour la transition. Le TRE mesure combien il faut dépenser d'énergie pour récupérer de l'énergie. Par exemple, pour exploiter un gisement de pétrole, il faut brûler du pétrole. Pour construire une éolienne, il faut aussi consommer des hydrocarbures et de l'électricité. Une source d'énergie dont le TRE est de 1, c'est-à-dire qui nécessite de dépenser autant d'énergie qu'elle en fournit, ne présente aucun intérêt. Au début de l'ère du pétrole, le TRE de ce dernier était de 1 pour 100 : en dépensant un baril, on en récupérait 100. Depuis cet âge d'or, il n'a cessé de chuter pour se situer aujourd'hui autour de 15. Parmi les énergies décarbonées, seules l'hydroélectricité, dont le TRE est compris entre 42 et 58, et le nucléaire, dont le TRE est compris entre 30 et 75, ont des taux de retour énergétique élevés. Mais ces sources d'énergie ne pourront à l'évidence répondre qu'à une fraction des besoins. Et le TRE de toutes les autres énergies décarbonées est faible : autour de 5 pour l'éolien et le solaire en comptant le stockage, proche de 1 pour les biocarburants [1]. Demain, il y aura moins d'énergie et l'énergie sera plus chère. Or, toute activité économique (pour ne pas dire

---

1. Bertrand Cassoret, *Transition énergétique, ces vérités qui dérangent !* De Boeck, 2018, p. 87.

toute activité tout court) nécessite de l'énergie. Moins d'énergie ou une énergie plus chère, c'est moins d'activité, donc moins de croissance. Troisièmement, le principe même de la transition est d'internaliser le coût environnemental dans le coût de production des biens et services. Imposer des normes écologiques à l'industrie minière pour protéger les écosystèmes renchérit les matières premières. Imposer des investissements agroécologiques aux agriculteurs renchérit les denrées alimentaires. Fixer aux fabricants de produits manufacturés des obligations d'éco-conception et de recyclage renchérit les biens et les services, etc. Une politique de croissance durable ne peut que plomber la profitabilité de l'économie. Donc plomber la croissance. Quatrièmement, nous l'avons dit, il n'y aura pas de transition sans recherche transversale d'efficacité. Rappelons que l'efficacité recouvre toutes les solutions permettant de produire autant avec moins d'énergie et de matière. Or, nous l'avons vu aussi, l'efficacité se heurte au problème de l'effet rebond. Et on ne pourra contrer l'effet rebond qu'en pilotant à la hausse au moins le prix du carbone et de l'eau. Encore un facteur de renchérissement structurel qui aura un effet dépressif sur la création de valeur. Enfin, cinquièmement, il n'y aura pas non plus de transition sans sobriété (faire moins). Par définition, la sobriété est une restriction de l'activité économique. Donc de la croissance potentielle de l'économie.

Dans ces conditions, la transition ne va-t-elle pas supprimer toute possibilité de croissance ? On peut penser que non pour au moins quatre raisons en partie symétriques de celles listées à l'instant. Premièrement, si la mise en œuvre de la transition sera probablement génératrice de crises et de récessions, l'économie mondiale semble aussi aujourd'hui incroyablement résiliente. En 2008, la crise des *subprimes* a été, en volume, comparable au krach de 1929. Dans les deux cas, l'indice Dow Jones perdit plus du tiers de sa valeur en quelques semaines. Les crises financières de 1929 et 2008 provoquèrent toutes deux une grave récession mondiale. Mais la comparaison s'arrête là car la crise de 1929 déboucha sur la Grande Dépression, une période de récession continue qui dura au moins jusqu'au milieu des années 1930 ou même jusqu'à la Seconde guerre mondiale en fonction des pays. Au contraire, après la crise de 2008, l'économie mondiale commença à se redresser dès le printemps de l'année suivante à l'issue d'une « Grande Récession » qui ne dura que quelques mois. L'économie mondiale rebondit très vite et très fort après 2008. Tandis que la crise de 1929 coûta près de 15 % du PIB mondial entre son déclenchement et l'année 1932, ce même PIB chuta de moins de 1 % entre 2008 et 2009 [1]. Même constat avec la

---

1. Barry Eichengreen, *Hall of Mirrors: The Great Depression, The Great Recession, and the Uses - and Misuses - of History*, OUP USA, 2015.

crise du coronavirus. Avant son éclatement, les collapsologues citaient volontiers le risque pandémique comme un candidat de choix au rôle de déclencheur d'un effondrement systémique. En 2020, ce risque s'est réalisé. Pour enrayer la propagation de la Covid 19, des pans entiers de l'économie mondiale ont été stoppés net. En quelques mois, 3 milliards de personnes ont été confinées. Des plans de soutien à l'économie représentant des milliers de milliards de dollars ont été mis en œuvre. Les dettes publiques ont explosé. Les principales places boursières ont dévissé. En un an, le PIB mondial s'est contracté de 3,6 %. Soit quatre fois plus qu'en 2008. Mais l'économie mondiale ne s'est pas désagrégée. Elle a tenu bon pour rebondir dès 2021 avec une croissance du PIB de près de 6 %. Deuxièmement, s'il est probable que le taux de retour énergétique d'un système bouclé bas-carbone sera globalement inférieur à celui dont nous avons jusqu'ici bénéficié avec les énergies fossiles, personne ne peut aujourd'hui dire à quel niveau il se situera précisément. Trois facteurs incitent à penser qu'il devrait être suffisant pour continuer à générer du surplus, c'est-à-dire de la croissance. D'abord, les énergies bas-carbone que sont le nucléaire et l'hydraulique (barrages) ont un excellent TRE. Et la transition s'appuiera en partie dessus. Ensuite, les TRE des énergies renouvelables telles que l'éolien ou le solaire ont récemment bondi dans des proportions impressionnantes.

Rien que pour le photovoltaïque, un rapport récent fait état d'un TRE de 45 alors qu'il ne dépassait pas 10 il y a quelques années seulement [1]. Le perfectionnement et l'essor des nouvelles technologies énergétiques sont bien de nature à en augmenter considérablement le rendement. Enfin, le TRE de l'hydrogène blanc, c'est-à-dire de l'hydrogène naturel, devrait être au moins aussi bon que celui des énergies fossiles actuelles. Troisièmement, la transition ne fera pas que déprimer l'activité économique, elle la stimulera aussi. C'est d'ailleurs ce que mettent en avant les décideurs publics pour tenter d'entraîner la société. La transition se fera grâce à de la dépense et des investissements. Elle nécessitera l'essor et le développement de filières ; elle créera de l'emploi, produira de la valeur et des richesses, en un mot de la croissance. Même si son impact dépressif aura tendance à dominer, l'activité qu'elle générera jouera un rôle d'amortisseur. À l'échelle planétaire, selon la Global Commission on the Economy and Climate, think tank international dédié à l'impact économique de la transition, la seule lutte contre le réchauffement climatique pourrait générer 26 000 milliards de dollars et 65 millions d'emplois d'ici à 2030 par

---

1. https://energieetenvironnement.com/2021/05/23/le-taux-de-retour-energetique-du-solaire-atteindrait-jusqua-45-pour-1 ; Fraunhofer Institute for Solar Energy Systems, *Photovoltaics Report*, 16 septembre 2020.

rapport à un scénario *business as usual*[1]. Même chose à l'échelle d'un pays comme la France, où la seule transition énergétique stimulerait le PIB de 2,5 à 3,8 % entre 2030 et 2050 et créerait près d'un million d'emplois dans le même temps grâce aux investissements, à la baisse de la facture énergétique et à la disparition de la dépendance extérieure aux énergies fossiles[2]. De quoi maintenir un potentiel de croissance certes inférieur à ce que le monde a connu entre l'après-guerre et aujourd'hui, mais permettant tout de même la poursuite de l'élévation tendancielle du niveau de vie. À moins bien sûr que le réchauffement climatique ne nous emporte. Mais justement, quatrièmement et dernièrement, cet essai s'est efforcé de prouver que nous pouvons toujours agir contre le réchauffement climatique, qui constitue la plus grande menace environnementale à ce jour. Nous pensons que si le plan de transition décrit ici était mis en œuvre à la lettre dans les années qui viennent, le monde pourrait atteindre la neutralité carbone

---

1. *Unlocking the Inclusive Growth Story of the 21st Century: Accelerating climate Action in Urgent Times*, The New Climate Economy, The Global Commission on the Economy and Climate, août 2018.
2. *Évaluation macroéconomique de la Stratégie nationale bas-carbone (SNBC2) avec le modèle ThreeME*, ministère de la Transition écologique, février 2022.

entre 2050 et 2060, et donc limiter le réchauffement à 2° C par rapport à l'ère préindustrielle suivant la recommandation du Giec. Mais nous pensons aussi que ce scénario est malheureusement peu probable. Le scénario le plus probable est celui d'une transition molle. C'est-à-dire une transition insuffisante pour maintenir l'augmentation des températures sous la barre des 2° C. Mais une transition qui permettrait tout de même une réduction de 60 à 70 % des émissions de GES vers 2060, au moment où les 2° C seront dépassés. C'est là qu'entrerait en jeu la géo-ingénierie. La problématique qu'elle soulève est aussi clivante que souvent mal présentée. Le terme de géo-ingénierie recouvre l'ensemble des actions qui pourraient être mises en œuvre pour modifier artificiellement les paramètres géophysiques de la planète, en particulier son climat. En un sens, l'exploitation des énergies fossiles depuis la révolution industrielle a constitué une énorme expérience involontaire de géo-ingénierie. C'est dans l'optique de la contrecarrer, donc de refroidir la planète, que l'on parle aujourd'hui de géo-ingénierie. Cette dernière pourrait se déployer dans deux directions : la réduction de l'ensoleillement terrestre et le retrait du carbone atmosphérique. Différentes méthodes ont déjà été envisagées pour limiter l'exposition de la Terre au soleil. Certaines plutôt fantaisistes, comme déverser dans l'océan des milliards de petits objets blancs flottants – comme des balles de ping-pong – pour en élever l'albédo (la capacité de réflexion) ou déployer des miroirs géants dans l'espace. Beaucoup plus crédible est l'injection dans l'atmosphère de dioxyde de soufre sous forme gazeuse ou de particules de sulfate de manière à renvoyer dans l'espace une partie du rayonnement solaire. Comme après une éruption volcanique, en quantité suffisante, ces aérosols annuleraient l'effet réchauffant de la concentration du CO_2 d'origine anthropique dans l'air. L'autre forme de géo-ingénierie consiste à refroidir la planète en retirant du carbone de l'atmosphère pour le stocker soit dans l'océan, soit dans la biosphère (le monde vivant, en particulier végétal), soit dans le sol et le sous-sol, soit encore dans des matériaux utiles[1]. Le simple fait d'évoquer la géo-ingénierie comme un instrument potentiel de lutte contre la crise climatique suscite aujourd'hui l'ire de l'écologisme bien-pensant. Techno-solutionnisme ! Hérésie ! Car la géo-ingénierie ne serait que le cache-sexe du *business as usual*. Aussi fondé que soit l'anathème, il interdit de poser le problème correctement. Il n'est pas question d'être pour ou contre la géo-ingénierie, mais de savoir ce que l'on peut en attendre. Schématiquement, on peut dire que le danger que

---

1. Des chercheurs du *Massachusetts Institute of Technology* sont parvenus à convertir du CO_2 en matériaux de construction (briques). Voir Anne Trafton, « Putting carbon dioxide to good use, *MIT News Office*, 22 septembre 2010.

représente la géo-ingénierie est à la mesure de l'espoir qu'elle peut susciter. Un danger et un espoir différents selon qu'il est question de la géo-ingénierie solaire ou de la géo-ingénierie de décarbonation atmosphérique. En effet, réduire l'exposition de la Terre aux rayons du soleil ne constituerait pas un remède pérenne au réchauffement. Il faudrait en permanence renouveler le dioxyde de soufre ou les particules de sulfate dans l'atmosphère. Tout arrêt soudain des injections exposerait la planète à une hausse brutale des températures. De plus, cela ne changerait rien aux autres effets du carbone telle l'acidification des océans. Enfin, et surtout, la géo-ingénierie solaire ferait courir un risque météorologique majeur. Elle pourrait gravement perturber la mousson et les autres précipitations tropicales dont dépend la vie de milliards de personnes. Le risque est d'autant plus grand que ce type de géo-ingénierie n'est pas techniquement difficile à mettre en œuvre et ne nécessite pas de gros moyens. Le physicien David Keith estime que l'on pourrait recréer un âge glaciaire avec 0,00001 % du PIB mondial… [1]. Il suffit d'avoir quelques avions et quelques tonnes d'aérosols pour jouer à l'apprenti sorcier avec le climat de la Terre. Un petit pays peut le faire. Ou même un millionnaire excentrique. D'ailleurs, la

---

1. David W. Keith, *A Case for Climate Engineering*, MIT Press, 2013.

start-up américaine Make Sunsets s'est vantée fin 2022 d'avoir commencé à répandre des particules de soufre dans la stratosphère [1]. La seule chose à attendre de la géo-ingénierie solaire serait qu'elle nous fasse gagner du temps pour réduire nos émissions de GES ou développer l'autre forme de géo-ingénierie, la géo-ingénierie atmosphérique. Retirer du CO_2 de l'atmosphère est un véritable moyen de lutte contre le réchauffement climatique. Mais on ne pourra jamais en retirer suffisamment pour se passer de réduire les émissions. C'est justement là que réside le danger de la géo-ingénierie atmosphérique : être développée pour ne pas arrêter d'émettre. Un danger qui est en train de se réaliser. Le pétrolier américain Oxy a investi massivement dans la capture du carbone dans l'air tout en maintenant la part des énergies fossiles dans ses activités [2]. Quel que soit l'essor de ces technologies à l'avenir, elles ne remédieront jamais qu'à une fraction des émissions. Elles ne pourront donc jamais se substituer à ce qui doit constituer l'essentiel de la transition climatique, à savoir la baisse des émissions. En revanche, la géo-ingénierie

---

1. James Temple, « A startup says it's begun releasing particles into the atmosphere, in an effort to tweak the climate », *MIT Technology Review*, 24 décembre 2022.

2. Arthur Carpentier, Élisa Bellanger, Marceau Bretonnier, *Retirer le CO_2 de l'atmosphère sauvera-t-il le climat ?*, *Le Monde*, vidéo, 19 mars 2023.

atmosphérique sera en mesure de solder une transition incomplète. Moins nous décarbonerons, plus nous serons dépendants de la technologie. Moins nous décarbonerons, plus le pari technologique sera risqué. Il n'y a probablement rien à attendre de la captation du carbone si nous sommes incapables de réduire substantiellement les émissions. En revanche, dans le cas plausible où nous parvenions à réduire nos émissions de 70 % d'ici à 2060, nous disposerons d'un dernier recours, d'une dernière cartouche, la captation du carbone, pour compléter l'effort. Autrement dit, nous disposons de quarante ans pour industrialiser des technologies dont nous disposons déjà. Votre instinct vous dit-il que nous y parviendrons ? Oui, répond à tout le moins celui du Giec, qui a adoubé le retrait direct du carbone dans l'air dès son cinquième rapport de 2014[1] et préconisé dans son rapport de 2018 qu'il permette l'élimination de l'atmosphère de 730 milliards de tonnes de CO_2 d'ici à la fin du siècle[2], soit plus de dix ans d'émissions au rythme actuel.

La géo-ingénierie n'est pas la seule technologie dont la maturation sera capable de changer la donne écologique. D'ici à la fin du siècle, nous devrions également pouvoir compter sur la fusion

---

1. *Changements climatiques 2014, rapport de synthèse*, Giec, 2014.
2. *Ibid.*

nucléaire, l'énergie quantique, la supraconductivité, l'exploitation des ressources spatiales (*Space mining*) et des IA aux capacités comparables puis supérieures à celles du cerveau humain. Autant de ruptures grâce auxquelles nous pourrons parvenir à véritablement sanctuariser notre belle planète bleue. Finalement, la transition est un pont tendu entre notre monde et une nouvelle ère de prospérité dont nous ne pouvons aujourd'hui avoir qu'une idée vague.

Conclusion

La réforme, pas la révolution

On m'a souvent demandé si j'étais de droite ou de gauche. Comme beaucoup de gens, j'ai énormément de mal à répondre à cette question. Ce qui est peut-être la marque d'un profond centrisme… Le plan de transition présenté dans ce livre est-il de droite ou de gauche ? Ni l'un ni l'autre et tous les deux. Il emprunte à la gauche le recours stratégique à l'activisme vert et à la démocratie directe. Il emprunte encore à l'écosocialisme la nécessité d'accompagner toute transition environnementale de mesures massives de redistribution économique. Mais ce plan emprunte aussi à la droite libérale l'objectif cardinal de maintenir la croissance, de la verdir et d'exploiter prioritairement les mécanismes de marché pour pivoter vers un monde plus durable. Encore plus fondamentalement, la stratégie du ruissellement est d'inspiration keynésienne et sociale-démocrate. Il s'agit de réguler, encadrer, limiter, orienter le marché pour faire advenir un capitalisme à visage à la fois écologique et humain.

L'écologie n'est donc pas de gauche, elle est centriste, sociale-démocrate et keynésienne. L'écologie n'est pas révolutionnaire, elle est réformatrice.

Le caractère politiquement composite de la transition environnementale n'est pas surprenant. Car le problème qu'elle pose est avant tout objectivable, technique et pragmatique. Pas politique et idéologique. La politique et l'idéologie, au contraire, menacent aujourd'hui la transition. Ce sont elles qui conduisent souvent à opposer les solutions au lieu de les additionner. On entend souvent dans le débat public des énoncés manichéens et caricaturaux : pour verdir le monde, éoliennes ou nucléaire ? Sobriété ou technologie ? Arrêter de faire des enfants ou redistribuer les richesses ? L'idéologie impose le « ou » quand la transition ne peut être menée qu'avec des « et ». Plus problématique encore, l'idéologie décroissantiste est en train de coloniser l'imaginaire de la transition sans qu'aucun récit alternatif de croissance verte n'émerge en contrepoint. C'est ce récit alternatif que nous avons essayé d'écrire ici. Encore faut-il le faire prospérer. Ce qui n'a rien d'une évidence, car, à bas bruit, le discours de la décroissance semble aujourd'hui s'imposer dans l'esprit des jeunes générations. Il a la séduction des « lendemains qui chantent » d'autrefois. Le pouvoir attracteur des vieilles lunes du communisme. Il captive les orphelins d'idéal. En dénoncer le caractère mensonger et illusoire est peut-être la mère des batailles politiques à mener. Car, comme nous l'avons vu, la décroissance est une impasse dangereuse. Au contraire, il ne peut y avoir d'avenir sans transition vers la durabilité. Cette dernière seule peut ouvrir la voie d'un avenir qui fasse sortir l'humanité par le haut de la crise de croissance qu'est la crise environnementale. Un avenir qui nous fasse passer à l'âge adulte plutôt que retomber dans l'enfance. En un mot, un avenir qui nous donnera les moyens de nous réinventer pour nous transcender.

In fine, le plan de transition décrit dans le présent essai est un plan européen. Cela, d'une part, car l'Europe a un rôle historique pour le mettre en œuvre et, d'autre part, dans le sens où la transition environnementale ne peut qu'universaliser le modèle économique et social de tempérance européen. Nous, Européens, n'avons souvent pas conscience de cela. Pas conscience que le modèle de société dans lequel nous vivons, à la fois libéral et social, est bien plus porteur d'avenir et d'espoir pour le monde que le modèle libéral américain ou totalitaire chinois. En un sens, mettre en œuvre la transition environnementale reviendra aussi à affirmer la prééminence de ce modèle. L'enjeu écologique est un enjeu de civilisation. Ne passons pas à côté.

Remerciements

Merci à mon éditrice, Anavril Wollman, de m'avoir renouvelé sa confiance et une fois de plus si bien accompagné tout au long de l'écriture de cet ouvrage. Merci également à Sophie de Closets de l'avoir d'emblée accueilli dans son orbe protectrice.

Merci ensuite au groupe de l'Union Centriste du Sénat, son Président, Hervé Marseille, son secrétaire général, Éric Pilloton, ses membres de tous départements, pour leur bienveillant soutien et pour me permettre, au quotidien, d'alimenter ma réflexion sur les enjeux du développement durable.

Merci aussi à mes collègues qui, par leur sympathie, leur bonne humeur et leur amical encouragement ont permis au présent essai de grandir dans le plus favorable des terreaux. Merci en particulier au docteur Victor Fouquet, mon co-bureau et néanmoins ami, d'en avoir supporté – au sens français et anglais du terme – la genèse.

Merci enfin à Soisic, si fidèle, ainsi qu'à Isabelle, contrainte, elle, de vivre avec cette grossesse et de se découvrir in fine un peu sage-femme.

Bibliographie

Chapitre I

Ferghane Azihari, *Les Écologistes contre la modernité*, La Cité, 2021.

Robert L. Basmann *et al.*, « A Note on Measuring Veblen's Theory of Conspicuous Consumption», *The Review of Economics and Statistics*, Vol 70, n° 3, août 1988.

Christophe Blain, Jean-Marc Jancovici, *Le Monde sans fin*, Dargaud, 2021.

Sébastien Bohler, *Le Bug humain*, Pocket, 2020.

Lucas Chancel *et al.*, *Rapport sur les inégalités mondiales 2022*, World Inequality Lab, 2021.

Étienne Coutureau, Jean-Michel Hupé, Sébastien Lemerle, Jérémie Naudé, Emmanuel Procyk, « Pourquoi détruit-on la planète ? Les dangers des explications pseudo-neuroscientifiques », *Le Monde*, 7 juillet 2022.

Thibault Gardette, « La faute à notre cerveau, vraiment ? Les erreurs du Bug humain de S. Bohler », bonpote.com, 28 octobre 2020.

Tim Jackson, *Prospérité sans croissance, La transition vers une économie durable*, De Boeck, 2015.

Hans Jonas, *Souvenirs*, II, Payot & Rivages, 2005.

Hervé Kempf, *Comment les riches détruisent la planète*, Point Seuil, 2007.

Georges Lundberg *et al.*, « Leisure : A Suburban Study », *Agathon Press*, 1934.

Paul Magnette, *La Vie large, manifeste écosocialiste*, La Découverte, 2022.

Dennis et Donella Meadows, Jorgen Randers, *Halte à la croissance ? Rapport sur les limites de la croissance*, Fayard, 1972.

Jason W. Moore (dir), *Anthropocene or Capitalocene? Nature, History, and the Crisis of Capitalism*, PM Press, 2016.

Véra Nikolski, *Féminicène*, Fayard, 2023.

Timothée Parrique, *Ralentir ou périr, l'économie de la décroissance*, Seuil, 2022.

Lucie Pinson, Florence de Bonnafos, « Total fait du sale ? La finance complice », *Reclaim Finance*, Greenpeace, février 2021.

Antonin Pottier *et al.*, « Qui émet du CO2 ? Panorama critique des inégalités écologiques en France », *Revue de l'OFCE*, 2020/5.

Johan Rockström *et al.*, « A safe operating space for humanity », *Nature*, 2009.

Pablo Servigne, Raphaël Stevens, Gauthier Chapelle, *Une Autre fin du monde est possible*, Seuil, 2018.

Nicolas Stern, « The Stern Review Report: The Economics of Climate Change », *HM Treasury*, 30 octobre 2006

Geoffrey Supran *et al.*, « Assessing ExxonMobil's global warming projections », *Science*, 13 janvier 2023.

Thorsten Veblen, *La Théorie de la classe de loisir*, Gallimard, 1979.

Marie-Noëlle Woillez, Gaël Giraud, Antoine Godin. « Economic impacts of a glacial period : a thought experiment to assess the disconnect between econometrics and climate sciences ». *Earth System Dynamics*, 2020

Emilio Zagheni, « The Leverage of Demographic Dynamics on Carbon Dioxyde Emissions: Does Age Structure *Matter?* », springerlink.com, 17 février 2011.

Chapitre II

AIE, « Net Zero by 2050 », octobre 2021

Philippe Bihouix, Sophie Jeantet, Clémence de Selva, *La ville stationnaire. Comment mettre fin à l'étalement urbain*, Actes Sud, 2022.

Victor Court, « La demande énergétique mondiale est sous-estimée, et c'est un vrai problème pour le climat », *The Conversation*, 6 avril 2021.

Céline Deluzarche, « Ces plantes OGM vont-elles résoudre la faim dans le monde ? », *Futura-sciences.com*, 7 janvier 2019.

César Dugast, Alexia Soyeux et al., *Faire sa part ?*, Carbone 4, 2019.

Paul R. Ehrlich, *La Bombe P*, Fayard, 1972.

FAO, *La Situation des forêts du monde*, 2020.

FAO, *L'État des ressources en terres et en eau pour l'alimentation et l'agriculture dans le monde - Des systèmes au bord de la rupture*, 2021.

Catherine Gautier, Jean-Louis Fellous, *Eau, pétrole, climat : un monde en panne sèche*, Odile Jacob, 2008.

Eric Hand, Hidden Hydrogen, « Does Earth hold vast stores of a renewable, carbon-free fuel ? », *Science*, 16 février 2023.

Paul Hawken, *Drawdown, The Most Comprehensive Plan Ever Proposed to Reverse Global Warming*, Penguin, 2017.

Roman Ikonicoff, Mathilde Fontez, « Énergie quantique, elle fait exploser toute la physique », *Epsiloon*, n° 11, mai 2022.

Hervé Le Bras, *Vie et mort de la population mondiale*, Le Pommier, 2012.

Eric Muraille, « La viande "cultivée" en laboratoire pose plus de problèmes qu'elle n'en résout, *The Conversation*, 8 novembre 2019.

Gunter Pauli, *L'Économie bleue 3.0*, L'Observatoire, 2019.

Juliette Raynal, « Et si l'hydrogène naturel était le "game changer" de la transition énergétique ? », *La Tribune*, 26 août 2021.

Paul F. South *et al.*, « Synthetic glycolate metabolism pathways stimulate crop growth and productivity in the field », *Science*, 4 janvier 2019.

Stein E. Vollset *et al.*, « Fertility, mortality, migration, and population scenarios for 195 countries and territories from 2017 to 2100 : a forecasting analysis for the Global Burden of Disease Study », *The Lancet*, 14 juillet 2020.

Alan Weisman, *Compte à Rebours, Jusqu'où pourrons-nous être trop nombreux sur Terre ?*, Flammarion, 2013.

Ernst von Weizsäcker *et al.*, Facteur 5, *Comment transformer l'économie en rendant les ressources 5 fois plus productives*, De Boeck, 2013.

Helga Willer, Bernhard Schlatter, Jan Travnicek, *The World of Organic Agriculture Statistics and Emerging Trends 2023*, Research Institute of Organic Agriculture FiBL IFOAM – Organics Inernational.

WWF, *Deforestation Fronts, Driers and responses in a changing world*, 2020.

Weronika Zarachowicz, « Des bactéries pour nourrir la planète ? », *Télérama*, 12 avril 2023.

Chuang Zhao *et al.*, « Temperature increase reduces global yields of major crops in four independent estimates », *PNAS*, 15 août 2017.

Chapitre III

Jean-Paul Albertini, Baptiste Perrissin Fabert, « Analyse économique des négociations climat : décryptage d'un jeu d'incitations à participer, à agir et à s'engager », *Annales des Mines – Responsabilité et environnement*, 2015.

Talbot M. Andrews *et al.*, « High-risk high-reward investments to mitigate climate change », *Nature Climate Change*, 3 septembre 2018.

Axelle Arquié, Thomas Grjebine, « Vingt ans de plans sociaux dans l'industrie : quels enseignements pour la transition écologique ? », *La Lettre du CEPII*, n° 435, mars 2023.

Philippe Bolo, Angèle Préville, *Pollution plastique : une bombe à retardement ?*, Rapport de l'Office parlementaire d'évaluation des choix scientifiques et technologiques, 2020.

Thilagawathi Abi Deivanayagam *et al.*, « Envisioning environmental equity : climate change, health, and racial justice », *The Lancet*, 29 mai 2023.

Noriko Hosonuma *et al.*, « An assessment of deforestation and forest degradation drivers in developing countries », *Environmental Research Letters*, 8 octobre 2012.

Hans Jonas, *Le Principe responsabilité. Une éthique pour la civilisation technologique*, Le Cerf, 1995.

Elinor Ostrom, « Nested externalities and polycentric institutions : must we wait for global solutions to climate change before taking actions at other scales ? », *Springer*, février 2012.

Chapitre IV

Geneviève Azam *et al.*, *On ne dissout pas un soulèvement. 40 voix pour Les Soulèvements de la Terre*, Seuil, 2023.

Dominique Bourg (dir), *Pour une 6ᵉ République écologique*, Odile Jacob, 2011.

Dominique Bourg, *Inventer la démocratie du XXIᵉ siècle. L'Assemblée citoyenne du futur*, Les Liens qui libèrent, 2017.

Gaëlle Champon, Vito Marinese, *Quelle Académie du futur ?*, Note n° 96, Fondation Jean Jaurès, 9 juin 2011.

Erica Chenoweth, Maria J. Stephan, Why Civil Resistance Works, *The strategic logic of nonviolent conflict*, Columbia University Press, 2012.

Giles Finchelstein, *La Dictature de l'urgence*, Fayard, 2011.

Andreas Malm, *Comment saboter un pipeline*, La Fabrique, 2020.

Robert Muggah, Steven Pinker, « Democracy isn't in as much trouble as you might think », weforum.org, 3 avril 2018.

Rupert Read, *Guardians of the Future. A constitutional Case for Representing and Protecting Future People*, Green House, 2008.

Stephanie M. Rizio, Ahmed Skali, « How often do dictators have positive economic effects? Global evidence, 1858-2010 », *The Leadership Quaterly*, vol. 31, juin 2020.

Emile Servan-Schreiber, *Supercollectif. La Nouvelle puissance de nos intelligences*, Fayard, 2018.

Chapitre V

Jacey Bingler, *Five Years Lost, How Finance is Blowing the Paris Carbon Budget*, Urgewald, 2020.

Paul Brenton, Vicky Chemutai, *The Trade and Climate Change Nexus, The Urgency and Opportunities for Developing Countries*, World Bank Group, 2021.

Antoine Buéno, *Permis de procréer*, Albin Michel, 2019.

Dominique Bureau, Lionel Fontagné, Katheline Schubert, « Commerce et climat : pour une réconciliation », *Les Notes du Conseil d'analyse économique*, n° 37, janvier 2017.

Rafael Cezar, Tancrède Polge, « Les émissions de CO_2 dans le commerce international », *Bulletin de la Banque de France*, mars-avril 2020.

Shaun Chamberlin, Larch Maxey, Victoria Hurth, « Reconciling scientific reality with realpolitik: moving beyond carbon pricing to TEQs – an integrated, economy-wide emissions cap », *Carbon Management*, 2014.

Aurore Colin, Axel Erba, Morgane Nicol, « Collectivités : les besoins d'investissements et d'ingénierie pour la neutralité carbone », *I4CE*, 14 octobre 2022.

Anna Creti, « Les enjeux de la taxonomie européenne pour la finance verte », *Annales des Mines*, 2021.

Francesco Fuso Nerini *et al.*, « Personal carbon allowances revisited », *Nature Sustainability*, 16 août 2021.

Alain Grandjean, Julien Lefournier (préf Gaël Giraud), *L'Illusion de la finance verte*, L'Atelier, 2021.

OMC, PNUE, *Commerce et Changement Climatique*, 2009.

Jean Pisani-Ferry, Selma Mahfouz, *Les Incidences économiques de l'action pour le climat*, France Stratégie, mai 2023.

Antonin Pottier *et al.*, « Qui émet du CO_2 ? Panorama critique des inégalités écologiques en France », *Revue de l'OFCE*, 2020.

Katheline Schubert *et al.*, *L'impact de l'Accord Économique et Commercial Global entre l'Union européenne et le Canada (AECG/CETA) sur l'environnement, le climat et la santé*, Rapport au Premier ministre, 7 septembre 2017.

Arnaud Van der Cam, *Designing an end-user carbon account scheme as a climate policy tool in the EU context*, Mémoire de fin d'études, faculté des bioingénieurs, UC Louvain, 2021.

Chapitre VI

Arthur Carpentier, Elisa Bellanger, Marceau Bretonnier, « Retirer le CO_2 de l'atmosphère sauvera-t-il le climat ? », *Le Monde*, vidéo, 19 mars 2023.

Bertrand Cassoret, *Transition énergétique, ces vérités qui dérangent !*, De Boeck, 2018.

David Hope, Julian Limberg, *The Economic Consequences of Major Tax Cuts for the Rich*, LSE, International Inequalities Institute, décembre 2020.

David W. Keith, *A Case for Climate Engineering*, MIT Press, 2013.

Arthur M. Okun, *Equality and Efficiency, the Big Tradeoff*, Brookings Institution, 1975.

Arnaud Parienty, *Le Mythe de la « théorie du ruissellement »*, La Découverte, 2018.

Thomas Piketty, *Le Capital au XXIe siècle*, Seuil 2013.

Table

Avant-propos.. 11

Première partie
Pourquoi nous n'agissons pas :
le problème de la démocratie ?

I. L'impasse des boucs émissaires................ 23
  Bouc émissaire 1 : la bêtise et le déni, ou
    l'erreur *Don't Look Up*........................... 24
  Bouc émissaire 2 : Le cerveau..................... 26
  Bouc émissaire 3 : les « mecs »................... 30
  Bouc émissaire 4 : les vieux........................ 35
  Bouc émissaire 5 : les riches....................... 38
  Bouc émissaire 6 : les multinationales et leurs
    lobbies... 48
  Bouc émissaire 7 : le capitalisme................ 55
    Le mythe libéral.. 57
    Le mythe de la décroissance 65

II. Obstacles techniques : la transition est un
    Everest 81
    La triple transition : faire autrement............ 82

Transition énergétique 82
  • Défis de la transition énergétique 83
  • Besoins technologiques de la transition énergétique 88
  • L'hydrogène naturel, cygne blanc de la transition énergétique ? 94
Transition agricole 98
  • Défis de la transition agricole 98
  • Besoins technologiques de la transition agricole 105
Transition industrielle 111
  • Défis de la transition industrielle 111
  • Besoins techniques de la transition industrielle 117
Efficacité et sobriété : faire (avec) moins 121
  Efficacité : faire autant avec moins 122
  Sobriété : ralentir et réduire 126
Où en est la transition ? 135
  Bilan de la transition énergétique 135
  Bilan de la transition agricole 138
  Bilan de la transition industrielle 141
  Bilan de l'efficacité 142
  Bilan de la sobriété 144
  Bilan global 147

III. Obstacles politiques, économiques et sociaux : les verrous systémiques 149
Verrou individuel 152
Verrou d'entreprise 158
Verrou politique 163

Verrou local 163
Verrou national 165
Verrou international 170
Verrou global 172
  Caractéristiques communes aux verrous systémiques 172
  Théorie des jeux et tragédie des communs. 175
Verrou démocratique 181

Seconde partie
Déverrouiller le système : besoin d'une dictature ?

IV. Pression démocratique et démocratie directe plutôt que dictature 191
  La crise environnementale menace la démocratie 192
  Une dictature n'est pas nécessaire 196
  Changer la démocratie 211
  Forcer la représentation 225
    L'autre clef du déblocage systémique 225
    Illégalité et violence, un mal nécessaire 231
    Maximiser l'efficacité de l'activisme vert : déterminer les bonnes actions et les bonnes revendications 238

V. Les mesures économiques : réinventer le capitalisme 245
  Les leviers d'action 247
    Levier individuel : le compte carbone 247

  Levier d'entreprise : la taxe carbone progressive............ 252
  Levier international : le libre-échange...... 257
 Les outils de redistribution......................... 264
  Redistribution sociale : compte et dividende carbone............ 264
   • Le compte carbone (outil redistributif) 265
   • Le dividende carbone....................... 267
  Redistribution territoriale : les fonds verts 270
 Les moyens de financement......................... 276
  Fiscalité et dépense publique.................. 276
  Protection sociale..................................... 279
  Finance verte.. 284

VI. Mécanique et impact du ruissellement écologique.. 291
 Mécanique du ruissellement......................... 291
  La notion de ruissellement........................ 291
  Déverrouillage en chaîne (schéma global de la transition)............................. 295
  L'envers du verrouillage........................... 302
 Impact du ruissellement................................ 303
  Liberté... 303
  Égalité... 306
  Prospérité... 308

Conclusion. La réforme, pas la révolution..... 323
Remerciements.. 327
Bibliographie 329

Cet ouvrage a été mis en pages par

<pixellence>

CET OUVRAGE
A ÉTÉ ACHEVÉ D'IMPRIMER
SUR ROTO-PAGE
PAR L'IMPRIMERIE FLOCH
À MAYENNE EN OCTOBRE 2023

N° d'édition : 613342-0. N° d'impression : 103369
Dépôt légal : octobre 2023
Imprimé en France